Amar um adolescente
... mesmo quando isso parece impossível

Dados Internacionais de Catalogação na Publicação (CIP)
(Câmara Brasileira do Livro, SP, Brasil)

Ford, Judy, 1944-
  Amar um adolescente : — mesmo quando isso parece impossível / Judy Ford ; tradução Carmen Fischer. — São Paulo : Ágora, 1999.

  Título original : Wonderful ways to love a teen.
  ISBN 85-7183-659-0

  1. Adolescentes – Relações familiares 2. Pais e adolescentes 3. Papel dos pais 4. Psicologia do adolescente I. Título.

99-3907
CDD-649.125

Índices para catálogo sistemático:

1. Adolescentes e pais : Educação doméstica
   649.125
2. Pais e adolescentes : Educação doméstica
   649.125

Amar um adolescente

... mesmo quando isso
parece impossível

Judy Ford

ÁGORA

Do original em língua inglesa
Wonderful ways to love a teen:
even when it seems impossible
Copyright © 1996 by Judy Ford

Tradução:
Carmen Fischer

Capa:
Félix Reiners

Editoração Eletrônica:
Acqua Estúdio Gráfico

Proibida a reprodução total ou parcial
deste livro, por qualquer meio e sistema,
sem o prévio consentimento da Editora.

Todos os direitos reservados pela
Editora Ágora Ltda.
Rua Itapicuru, 613 – cj. 82
05006-000 – São Paulo, SP
Telefone: (011) 3871-4569
http://www.editoraagora.com.br
e-mail: editora@editoraagora.com.br

Para alguns dos meus adolescentes prediletos:

*Amanda, Chuck, Stephanie,
Sara, Jayme,
Derek, Josh e Greg,
vocês me dão alegrias e me surpreendem.*

Aos meus brilhantes amigos da Conari Press — Mary Jane, Will, Emily e Erin — pelo tratamento de realeza que têm me oferecido e por terem tornado esse ano tão excitante para mim.

Saudações aos meus amigos Jean Gabriella, George, Regina e Rodney. Vocês são exemplos vivos do que significa ser pais de adolescentes — como dizem eles, "o pudim é a prova".

Para Chloe, Dave, Patricia e Shari, pelo privilégio de ter a amizade de vocês.

Obrigada a todos.

Sumário

A arte de se relacionar 11

Serenidade

Prepare-se para o imprevisível 16
Ria com as incoerências 18
Escolha as batalhas a serem enfrentadas com bom senso 20
Tire um tempo para fugir dos compromissos 22
Dê motivos para que se orgulhem de você 24
Lembre-se de seus próprios sentimentos na adolescência 26
Veja além do óbvio 28
Fique quieta e sorria 30
Abra-se para a reconciliação 32
Comunique-se com o coração aberto 34
Acolha de bom grado as mudanças 36
Acrescente um pouco de sabor à sua própria vida 38
Dê ênfase ao que realmente importa 40
Ensine seu filho a rezar seguindo seu exemplo 42
Valorize o convívio familiar 44
Faça o melhor possível 46
Peça sugestões para os assuntos mais polêmicos 48
Estimule a busca de modelos de papéis 50

"Adote" um adolescente 52
Estenda o seu zelo a todas as crianças 54

Disposição de espírito

Experimente uma atitude brincalhona 58
Tenha altos papos com eles 60
Respeite o ponto de vista deles 62
Exponha suas opiniões 64
Promova aventuras 66
Inclua uma porção de amigos 68
Acolha os períodos depressivos 70
Demonstre interesse verdadeiro sem assumir o controle ... 72
Encontre novos jeitos de estar junto deles 74
Comemore os momentos marcantes 76
Cultive as tradições familiares 78
Acostume-se com a música barulhenta 80
Permita que eles tenham muita privacidade 82
Evite constrangê-los 84
Crie um vínculo de camaradagem 86
Estimule-o a descarregar o excesso de energia 88
Ajude-o a encontrar um caminho profissional 90
Respeite a natureza livre e selvagem do adolescente 92
Deixe a lenha da fogueira queimar até o fim 94
Divida o carro da família 96
Descubra modos saudáveis de excitação 98
Curta cada momento que estão juntos 101

Segurança

Acredite inteiramente nos filhos 104
Admire seus filhos como eles são 106
Aja corretamente 108
Deixe que eles aprendam por experiência própria 110
Ele é capaz de encontrar soluções 112
Semeie sugestões 114

Fique na retaguarda observando seu filho crescer 116
Admita quando estiver com raiva 118
Aprimore sua capacidade de argumentação 120
Seja sensível às dificuldades que um adolescente
   enfrenta 122
Aceite as escolhas do adolescente 124
Saiba lidar com os temas tabus 126
Inclua-os em sua própria vida 128
Fale com franqueza sobre suas histórias de vida 130
Negocie e negocie 132
Deixe-o saber que você se importa 134
Estabeleça normas inspiradoras 136
Alerte-o com carinho para as conseqüências... 138
Encare os problemas de frente 140
Só faça elogios sinceros 142
Ensine-o a ser bom para si mesmo 144
Dê possibilidades de escolha 146
Deixe que ele pratique o exercício da responsabilidade 148
Confie sempre 150
Não esqueça que os adolescentes também são frágeis 152
Distancie-se para ganhar perspectiva 154
Corajosamente, deixe-o ir embora 156

A arte de se relacionar

Os pais ideais são aqueles que sabem que não sabem tudo

Quando comentava com as pessoas que estava escrevendo um livro na mesma linha de *Amar uma criança*, intitulado *Amar um adolescente*, elas arregalavam os olhos e diziam: "Com certeza, esse livro nos será muito útil!" ou então riam, balançando a cabeça e perguntando incrédulas: "Isso é possível?".

Então, era a minha vez de perguntar: "Você ama seu filho ou sua filha adolescente?". Sem exceção, essas mesmas pessoas respondiam: "É claro que sim!". E enquanto se queixavam do filho ou da filha, eu podia ver um brilho surgir no olhar delas e um sentimento indefinido suavizar-lhes o rosto. Um motorista de táxi de Dallas, pai de duas meninas adolescentes, disse: "Elas são as molas que me movem".

Nesse período, em que tenho sido terapeuta e professora, conversei com milhares de pais, que amam seus filhos adolescentes, mas não sabem demonstrar. Querem ter um relacionamento positivo com eles, mas sentem-se inseguros no exercício de suas funções de pai e mãe e perguntam-se se o filho adolescente ainda precisa deles. E como não sabem o que fazer, acumulam-se mal-entendidos, mágoas e irritações que só aumentam a distância entre pais e filhos.

A idéia de que é impossível conversar, conviver e relacionar-se com os adolescentes tornou-se tão comum, que nós, adultos, passamos a acreditar e a atuar como se isso fosse uma verdade. O mito do adolescente difícil repete-se tantas e tantas vezes, que todo mundo passa a acreditar que todos os adolescentes são sempre difíceis, o que não é verdade.

A adolescência ocorre com suavidade e alegria para muitos pais, enquanto para outros é simplesmente impossível. Alguns pais desfrutam cada minuto com seus filhos adolescentes, sabendo que essa fase logo passará. Outros acham tão difícil relacionar-se com eles que viram a mesa e desistem — e passam a contar os dias que faltam para os filhos saírem de casa. Alguns pais acham o relacionamento com o filho adolescente gratificante, não só por estarem aprendendo a arte da delicadeza e do tato, mas também porque a casa está sempre cheia de vida e a atmosfera é de entusiasmo. Há também aqueles que recorrem às ameaças, ao castigo e ao autoritarismo para não ter de se relacionar.

Muitas vezes, parece que nossos filhos adolescentes não querem o nosso amor. Na verdade, eles o querem, mas de um outro jeito. Por mais difícil que possa parecer, estou convencida de que é sempre melhor esforçar-se por um relacionamento consciente com eles — mesmo durante aqueles períodos em que vocês se perguntam se as exigências estão acima de suas capacidades. Isto porque eu acredito realmente — com base na minha experiência pessoal e no trabalho com centenas de pais — que se o relacionamento com seu filho adolescente é impossível, é porque você não está preparado. Se você se abastecer de informações, o relacionamento com o filho adolescente não será mais difícil do que aquele que você tem com qualquer outra pessoa. Na verdade, a fase adolescente da vida não é absolutamente mais difícil do que qualquer outra: ela simplesmente requer outras habilidades.

Amar um adolescente é um manual de sugestões para orientar os pais na arte de se relacionar com os filhos nesse período. Mesmo quando o relacionamento com o seu adolescente parecer totalmente perdido, vocês poderão recorrer às várias sugestões aqui apresentadas para ajudá-los a reconstruir os laços afetivos.

A primeira coisa que precisamos entender é que aquilo que aprendemos quando nossos filhos eram pequenos não serve mais. Afinal, é muito mais fácil cuidar de uma criança pequena, que acha que somos perfeitos, do que relacionar-se com um adolescente que responde, aponta nossas falhas e nos rejeita. Amar e cuidar de um filho adolescente requer mais astúcia, sutileza e sofisticação. Por isso, relacionar-se com um adolescente é uma arte que exige uma abordagem mais consciente do exercício da paternidade e da maternidade e, como com o aprendizado de qualquer outra arte, chega-se à devida competência somente pela prática constante. Nos próximos anos, vocês terão muitas oportunidades para aperfeiçoar seu próprio estilo.

Ser pai ou mãe de um adolescente é o curso mais intensivo na arte de se relacionar que os pais podem fazer. É um curso abrangente em qualidades como a compaixão, a comunicação, a diplomacia e a resolução de conflitos — corresponde a participar de algum tipo de grupo para aprender mais sobre si mesmo. Durante 12 anos, a criança foi amiga e companheira animada dos pais, e justamente quando eles acham que têm as coisas sob controle, ele ou ela faz 13 anos e os pais descobrem que não têm mais certeza de nada. Ser pai ou mãe de um adolescente significa a descoberta indubitável de que ainda se tem muito para aprender.

Com o passar dos anos, na companhia de um adolescente vocês descobrem o quanto podem ser pacientes e generosos — assim como impacientes, imaturos e até onde podem descer. Com um adolescente em casa vocês provavelmente terão oportunidades de revelar suas características menos louváveis — ciúme, raiva, medos e inseguranças. E ficarão desesperados a ponto de arrancar os cabelos. Haverá ocasiões em que a frustração será tanta, que vocês recorrerão aos berros, às atitudes irracionais, e seus pensamentos ficarão tão confusos que os deixarão sem ação. E apesar de não haver saída, a aflição não será eterna se vocês escolherem crescer, persistir e tirar as lições das dificuldades que tiverem de enfrentar.

Assim como o pintor, que luta com a tela para conseguir a pintura desejada, vocês também estarão lutando para aprender o jeito especial de dar conselhos e estímulos apenas na dose necessária. Se estiverem dispostos a continuar aprendendo, evoluindo e amadurecendo, vocês terão o privilégio de ver emergir um jovem adulto e, então, terão motivos para se sentir orgulhosos.

As recompensas são inestimáveis. Quando aos 18 anos Ellie saiu de casa para estudar, deixou este bilhete para seus pais: "Sempre precisei e sempre vou precisar de vocês. Sou o que sou e o que posso vir a ser porque sei que vocês me amam".

Portanto, pais de boa vontade que se esforçam heroicamente para tirar lições das experiências, lembrem-se: seus filhos adolescentes contam com vocês, apesar de talvez nunca terem dito isso abertamente.

Serenidade

O paradoxo é que quando você é paciente com seu filho adolescente, quando você deixa de insistir e forçar, é exatamente quando as coisas acontecem como você deseja.

Prepare-se para o imprevisível

Os pais que foram bem-sucedidos na educação de seus filhos adolescentes sabem que essa é uma fase cheia de altos e baixos. É como andar numa montanha-russa: mesmo sabendo que os altos e baixos fazem parte, não deixamos de ficar assustados. Em um instante, a menina está se comportando de forma tão adulta que olhamos duas vezes para ter certeza de que se trata realmente dela; no minuto seguinte, ela já está armando o mesmo escarcéu que fazia quando tinha dois anos de idade. E o pior de tudo é que nunca sabemos qual das duas personagens vai se manifestar em cada situação.

Criar um filho exige grandes doses de talento. Quando pequeno, o ensinamos a se vestir, amarrar os cordões dos sapatos, escovar os dentes, andar de bicicleta, além de se relacionar com os outros e ser uma pessoa civilizada. Quando chega à adolescência, ele é tão capaz e responsável que nos esquecemos facilmente que não é capaz de tudo.

Existe uma longa lista de coisas que os adolescentes precisam aprender com os pais — coisas práticas como procurar trabalho, dirigir, lavar roupa e preparar uma refeição. Eles precisam aprender a lidar com dinheiro, a administrar o tempo e a se relacionar socialmente. Precisam também aprender coisas mais abstratas, como levar uma vida equilibrada e tratar bem de si mesmos e dos outros. A mensagem subjacente de tudo o que lhes transmitimos é: *liberdade com responsabilidade*. Em conjunto, tudo o que estamos ensinando a nossos filhos adolescentes faz aumentar a responsabilidade dele pela liberdade individual. Mas a capacidade para assumir essa responsabilidade normalmente não se desenvolve de modo linear. É mais do tipo um passo à frente e dois para trás.

Você se lembra de quando ensinou seu filho a amarrar os sapatos? Apesar de não ter entendido muito bem, ele tentou amarrá-los e ficou frustrado por não ter conseguido na primeira tentativa. Quando você tentou ensiná-lo outra vez, ele ficou irritado, gritou e mandou você embora. Mas você continuou tentando até ele conseguir.

O mesmo ocorre com os adolescentes. Eles querem novas liberdades e estão dispostos a assumir novas responsabilidades mesmo sem ter o domínio de todas as habilidades. E quando ensinamos o que precisam saber, eles se mostram inesperadamente impacientes e agressivos. Em meio a essa comoção, temos de manter o autocontrole. Não é fácil conseguir manter a calma, mas vale a pena. Assim como ele aprendeu a atravessar a rua, aprenderá a voar se continuarmos orientando-o.

Ria com as incoerências

O adolescente pode ser um poço de contradições: num minuto está nos acusando de nos metermos em seus assuntos e, no seguinte, pedindo a nossa ajuda. Em vez de chamarmos a atenção para a maluquice dessa incoerência, ficaremos mais calmos se acharmos graça da situação e dermos uma boa risada para nós mesmos. Se os pais não conseguem rir internamente de tais atitudes imprevisíveis e inexplicáveis (rir alto deles só piora as coisas), terão à sua frente alguns anos extremamente difíceis.

Quando minha filha Amanda tinha 16 anos, certo dia ao chegar da escola perguntei animada: "Oi, querida, como foi o seu dia?", e ela respondeu: "Gostaria de pelo menos uma vez na vida poder chegar em casa sem que você perguntasse: 'Oi, querida, como foi o seu dia?'. Gostaria de pelo menos uma vez na vida poder chegar em casa, depois de um dia dando duro na escola, e ter paz e tranqüilidade sem ter de responder suas perguntas". Como queria ser uma mãe responsável e atenciosa, ouvi-a atentamente sem responder (essa é a parte mais difícil) e anotei mentalmente seu desejo. No dia seguinte, fui para o meu quarto e fechei a porta para não incomodá-la quando chegasse da escola. Para minha perplexidade, ela entrou pela porta da cozinha gritando: "Mamãe, mamãe, onde está você?". E quando ela começou a me contar sobre seu dia, pensei comigo mesma: É complicado viver com um adolescente.

Brittany queria que sua mãe a ajudasse a escolher um vestido de baile, mas toda vez que ela lhe dava alguma sugestão, Brittany dizia: "Você sabe que não gosto dessa cor", ou "Você sabe que não gosto desse estilo. Por que você não pode me ajudar a encontrar algum que seja do meu agrado?". A mãe ficou perturbada, mas como entendia que Brittany estava se sentindo pressionada para encontrar o vestido perfeito, decidiu não se defender e procurou fazer o melhor possível para ajudá-la a encontrar o que queria: "Se você gostou deste, querida, vamos comprá-lo... Sim, este também é bonito". Ela achou que estava se saindo bem quando Brittany reclamou: "Mamãe, eu preciso de sua opinião. Por que não me diz o que você acha?". Ela olhou para Brittany com um olhar interrogativo e disse: "*Você está brincando?*". Elas prosseguiram as compras e acabaram chegando a um acordo sobre um longo vestido vermelho. A mãe continua sem saber o que aconteceu, mas isso não a impede de dar boas risadas.

Tais incoerências não merecem absolutamente ser levadas a sério. Matthew diz: "As conversas mais estúpidas que já tive com meu filho de 15 anos foram aquelas em que tentei com meu estilo 'estou com a razão' apontar para suas incoerências".

Quando sem querer somos pegos por essas pequenas incoerências, o melhor a fazer é ignorá-las, balançar a cabeça e nos calar. Melhor ainda é dividi-las com o parceiro ou com outros pais e poder dar boas risadas. Na realidade, se vocês quiserem terão muitos anos de risadas pela frente.

Escolha as batalhas a serem enfrentadas com bom senso

Viver com um filho adolescente traz implícita a possibilidade de desentendimentos diários, brigas constantes, conflitos de interesses, além de pequenas rixas e discussões. Por isso, é importante tomar cuidado, ter cautela e consciência nas escolhas que você faz.

O que significa ter bom senso para escolher as batalhas a serem enfrentadas? Significa usar a sabedoria no sentido de evitar entrar em discussões sem sentido — questiúnculas que, no contexto mais amplo, não têm a menor importância. Quando já se tem alguma experiência de vida, sabe-se que brigar por ninharias é prejudicial. Entrar em brigas só para mostrar quem manda ou quem está com a razão provoca muita desavença e é um mau exemplo para o filho adolescente.

"No dia em que Carly fez 13 anos, nós começamos a brigar", contou-me Laura, a mãe dela. "Não sei o motivo da maioria das nossas brigas. Na hora parece importante, mas no dia seguinte sinto-me péssima. Não quero brigar com ela, mas quando percebo já entrei na dela." Quando brigamos por coisas insignificantes como cabelo, roupa, maquiagem, música, comida e coisas do tipo, acabamos nos sentindo mal e nos distanciando. Tanto escarcéu e tanta mágoa por nada!

Nem tudo o que o filho adolescente faz tem de ser confrontado simplesmente por não estarmos de acordo. Existem coisas que podem ser ignoradas, pois sabemos que ele vai aprender, assim como nós também aprendemos, pelo método de tentativas e erros. Se é para confrontá-lo, é melhor termos claro aonde queremos chegar. Em vez de começar a gritar, esmurrar ou impor ordens, o adulto maduro considera antes a melhor atitude a ser tomada. E não age sem pensar nas conseqüências, dizendo coisas como: "Você já tem idade suficiente para saber". "Enquanto viver sob o meu teto...", "Porque eu mandei, é por isso", "Quando eu tinha a sua idade..." etc.

Antes de dizer como quer que as coisas sejam feitas, é melhor perguntar-se a si mesmo: Isso realmente merece todo desentendimento e sofrimento que podem resultar? Vale a pena me distanciar e me desentender outra vez com meu filho? É importante ter em mente que para impor autoridade não é preciso estar sempre brigando.

Depois de ter criado dois filhos e um deles, o de 16 anos, ter saído de casa, Sam disse: "Nós não brigamos mais por ninharias. Pode acontecer de entrarmos em confronto e assumirmos a responsabilidade por isso, mas na maioria das vezes deixamos pra lá".

Quando se recua, pode-se deixar passar coisas sem importância e, ao mesmo tempo, demonstra-se um nível de maturidade que é um bom exemplo para o filho.

Tire um tempo para fugir dos compromissos

Você pensava que o parto era doloroso — há quem o considere um doce de coco comparado ao convívio com um adolescente. Uma coisa, porém, é certa: aqueles exercícios de respiração profunda, que se faz durante o parto, podem ser muito úteis para relaxar e manter a calma. Respirar ajuda a não se deixar enfurecer e, conseguindo manter a calma, você tem mais capacidade para sentir o prazer de ver seu filho crescer. Estando bem e à vontade, você consegue avaliar melhor o próprio desempenho e ver a criança linda que está criando. Tendo tranqüilidade, os pais podem sentir o vínculo profundo e eterno que os une aos filhos.

A relação entre pais e filhos adolescentes muitas vezes é tão atribulada que fica fácil esquecer de relaxar, se desligar e se divertir juntos. Você *quer* encarar as coisas com leveza, tem a séria intenção de fazer isso, mas aí os compromissos se acumulam, cresce a lista de afazeres e você se vê adiando a intenção de relaxar durante o fim de semana. Os afazeres e compromissos externos ganham prioridade, a intenção de estar com a família fica em segundo plano e, diante de tudo o que tem para fazer, não lhe sobra tempo nem para respirar.

Têm pais que me confessaram que passam semanas em que as únicas palavras que trocam com seus filhos adolescentes são "oi" e "tchau", não por não quererem estar com eles, mas por estarem sobrecarregados de compromissos e obrigações. O período escolar que compreende o segundo grau até a universidade pode passar totalmente despercebido. Logo os filhos estarão se formando e os pais mal se lembram do que aconteceu.

A vida de nossos filhos adolescentes também é cheia de grandes tensões. Alguns jovens se sobrecarregam de compromissos acadêmicos que os obrigam a passar o dia estudando. Outros têm agendas tão ocupadas com esportes, trabalho e atividades extracurriculares que suas vidas ficam atribuladas a ponto de não terem tempo para sentir o perfume das rosas, o sabor da pizza ou ouvir uma música. Andam em ritmo tão acelerado que não percebem mais nada.

Não queremos ver nossos filhos adolescentes dominados pela pressa da vida moderna, mas não sabemos o que fazer para impedir que isso aconteça. Nos deixamos levar pela busca de realização de algum objetivo, achando que se conseguirem entrar no time, se formar ou ganhar uma bolsa de estudos, eles terão vencido — e *aí* poderão começar a viver —, de maneira que pressionamos nossos filhos adolescentes para as realizações. Quando nos damos conta, eles também já foram completamente dominados por esses anseios.

Quando está faltando equilíbrio na nossa vida ou na dos nossos filhos adolescentes, é hora de simplificar. Podemos começar evitando fazer comparações, reservando um tempo regular para o lazer e para estarmos com nossos filhos apenas nos olhando, pois não fazer nada é muito importante. Wally, avô de cinco adolescentes, é famoso por sua atitude despreocupada. Ele não se altera quando as coisas dão errado. Seu lema é: *Trabalhe arduamente e sente-se quando estiver cansado.* Uma boa idéia!

Dê motivos para que se orgulhem de você

Você quer ter orgulho de seu filho adolescente assim como ele de você. Ele quer olhá-lo como uma pessoa que merece toda admiração. Exatamente como ele o deixa satisfeito por suas escolhas, ele também irá procurar em sua vida razões para respeitá-lo ou não. Seu adolescente o ama porque você é seu pai ou sua mãe, mas se quer que ele se orgulhe, é de vital importância que você se comporte com lisura, generosidade e integridade.

Apesar de Sharon ser fumante, ela ficou horrorizada quando pegou sua filha de 13 anos, Lydia, fumando na esquina. "Não posso acreditar que isso seja verdade", ela reclamou. "Você parece tão vulgar, sem falar do mal que está causando à sua saúde." Sharon resmungou, ameaçou e tentou convencer a filha a parar de fumar. Lydia desafiou-a: "Eu paro se você também parar". Sharon tentou e não conseguiu. "Não consigo, é muito difícil." Lydia também não parou.

Não podemos querer que nossos filhos adolescentes sejam sinceros se não reconhecermos aspectos de nós mesmos. Não podemos ensiná-los a ser confiáveis se nós mesmos não respeitamos os compromissos assumidos. Não podemos ensiná-los a tomar decisões certas se nunca dermos a eles a chance de decidirem por conta própria. Não podemos ensiná-los a encarar as coisas de frente se nós mesmos perdemos facilmente as estribeiras. Não é possível esconder do filho adolescente quando interiormente se está triste — ele sabe que é mentira.

Infelizmente, um número demasiadamente grande de adolescentes cresce em lares totalmente arruinados, vivendo com pais alcoólatras que os maltratam física ou emocionalmente. Existem adolescentes que têm de conviver com a raiva e a vergonha que lhes foram infligidas por pais que se recusam a ser responsáveis por suas próprias vidas ou a curar suas próprias feridas.

Os adolescentes merecem sentir a segurança de que são amados e valorizados e que são importantes para seus pais, que, apesar de não serem perfeitos, vivem digna e honestamente, com integridade, bom senso e amor. Enfim, que eles fazem o que dizem.

Seus filhos vêem você e, portanto, sabem quem você é. Eles observam o seu caráter. São capazes de descrever seus traços de personalidade, suas inclinações. Que atributos, virtudes e qualidades você deseja lhes mostrar? Eles têm por que se orgulhar de você?

Lembre-se de seus próprios sentimentos na adolescência

Você se lembra do seu tempo de estudante? Lembra-se do que pensava e sentia? O que era importante para você? Se se lembra de sua adolescência, está mais preparado para, como pai ou mãe, encontrar soluções criativas para os dilemas do convívio diário.

As lembranças podem, no entanto, envolver uma armadilha, conforme relatou-me um pai: "Na idade do meu filho eu era terrível: bebia, vandalizava e roubava. No início pensei que como eu tinha feito isso, meu filho faria a mesma coisa, mas pensando bem compreendi que o ambiente e as circunstâncias da minha época para a dele haviam mudado completamente".

Recordar-se dos sentimentos e das experiências da própria adolescência é importante, mas isso não significa que seus filhos vão sentir e fazer as mesmas coisas. Não conclua que os problemas deles serão os mesmos que os seus ou que as soluções que eles vão encontrar para os problemas serão as mesmas que as suas. Eles não são vocês. De fato, existem muitos pais que se orgulham por seus filhos adolescentes serem mais sensatos e capazes do que eles foram quando tinham a mesma idade.

No entanto, recordar as próprias experiências pode ajudar muito a sentir empatia pelos seus filhos. Como a vida se apresentava para você quando era adolescente? O que gostaria que tivesse sido diferente? O que você faria de outro modo hoje?

O que sentiu quando o corpo começou a mudar? O que gostaria que seus pais tivessem entendido? Como era o seu relacionamento com os seus pais? Que tipo de relacionamento você tem com eles hoje? Usava calças boca-de-sino? Cortava o cabelo à escovinha? Ou deixava-os crescer até os ombros? Qual era a sua música preferida? Você gostava da aparência que tinha? Era popular? Os adolescentes têm conflitos internos que, muitas vezes, são demasiadamente íntimos para serem compartilhados com alguém. Você tinha tais conflitos?

Rebecca, uma mulher de quarenta anos, recorda: "Um colega de escola disse certa vez que meu sorriso era de cavalo. Fiquei arrasada. Decidi que, a partir daquele momento, teria uma cara respeitável. Ficava horas diante do espelho exercitando outro modo de sorrir. Cheguei a ser capaz de dar sorrisos do tamanho que quisesse. Mas, às vezes, eu me esquecia de dar um sorriso sofisticado e quando visualizava minha cara, via-a com o horrível sorriso de cavalo e sentia-me humilhada. E pensava comigo mesma: todas essas crianças têm sorrisos tranqüilos, respeitáveis, por que não eu?".

As recordações da própria adolescência ajudarão vocês a perceber o quanto as coisas eram de fato complicadas e, conseqüentemente, terão mais compreensão para com seus filhos. Compartilhando com eles os anseios e dúvidas que tiveram, eles provavelmente se tornarão mais compreensivos e afáveis para com vocês.

Veja além do óbvio

Eis uma história real, que Kathleen, 36 anos, mãe de uma adolescente de 18 anos, me contou: "Quando Hailey fez 13 anos, senti uma grande mudança em nosso relacionamento. Por muitos anos, tínhamos sido boas amigas e agora vivíamos brigando e nos aborrecendo o tempo todo. Ela era bonita, simpática e inteligente e tinha um quarto só para si, enquanto eu, na idade dela, tinha que dividir o quarto com minhas duas irmãs mais velhas. Quando pequena, eu usava as roupas que não serviam mais para as minhas irmãs e, por isso, não suportava vê-la jogando as roupas no chão. Quando ela me respondia de forma insolente, eu ameaçava proibi-la de usar o telefone. Se não tirava o lixo a tempo ou não lavava a louça na hora, eu não pagava sua mesada. Quando os garotos começaram a paquerá-la, adotei uma atitude severa. Não permitia que fosse a festas e, certa vez, quando a vi sair do cinema com os garotos da escola, coloquei-a contra a parede.

"A partir de então as coisas começaram a descambar. Eu vivia me queixando para minhas amigas e todas concordavam que ela estava se comportando mal. Elas me contavam coisas terríveis a respeito de seus próprios filhos adolescentes. Minha mãe dizia que eu mesma a tinha estragado com mimos. Hailey andava irritada e eu também. Eu estava convencida de que não havia nada a fazer e atribuía nossas dificuldades ao 'problema da adolescência'. Eu sentia raiva e ciúme, mas no início não me dei conta disso.

"Apesar de toda a confusão em casa, no terceiro ano colegial, Hailey foi eleita rainha da escola, participava como cantora de um grupo de jazz local, levava uma vida social ativa e recebeu uma bolsa de estudos para cursar a faculdade. Na noite da formatura, o conselheiro da escola me disse: 'Posso ver seu espírito e sua vivacidade em Hailey. Parabéns! Ela é o que é por sua causa'. Esse comentário me atingiu como um raio e comecei imediatamente a olhar para Hailey e para mim mesma sob uma nova luz.

"Era verdade. Hailey era bonita, brilhante e espirituosa. Olhando mais atentamente, pude ver nela a minha determinação e, aos poucos, comecei a perceber que estivera culpando-a pelo que eu não tinha feito. Ela teve as oportunidades que eu quisera ter e, em vez de estimulá-la, eu me centrava nas falhas dela. Inconscientemente, a culpava pelo que não tinha. Aos poucos, comecei a valorizar quem eu era e as feridas da minha infância começaram a cicatrizar."

É fácil culpar os filhos adolescentes pelo que não vai bem em nossas vidas. Afinal, eles são mesmo extremamente narcisistas. Mas quando se olha além da superfície e se explora um pouco mais profundamente, descobre-se que alguma outra coisa está acontecendo. Muitas vezes, assim como com Kathleen, é algo em nós que pode estar precisando de atenção, algo que está precisando ser curado.

Fique quieta e sorria

Quando há toalhas molhadas mofando debaixo da cama, o piso do quarto está coberto de sacos vazios de batatas fritas e o peitoril da janela tem uma fileira de latinhas da moda; quando ela pegou emprestado os sapatos da mãe e não os devolveu ou usou a sua maquiagem, que ela acabou de comprar, antes mesmo de ela tê-la usado; quando ele tomou emprestado as ferramentas do pai para consertar o carro e este agora não consegue encontrá-las — em todas essas ocasiões, ficar em silêncio e respirar fundo ajuda. Sorrir também. Assim como sair para dar uma caminhada. Tudo bem que você leve a sério o papel de pai, ou de mãe, mas ao mesmo tempo veja as coisas com leveza, tanto a si mesmo quanto a situação. Construímos uma aliança promissora com os filhos com senso de humor e estamos abertos para sorrir diante das obviedades. Com uma atitude mais leve, conseguimos relaxar e nos curtir melhor.

Certa vez um menino de 13 anos me disse: "Os adultos falam demais e são muito sérios e carrancudos; eles deviam ser capazes de esfriar a cabeça em vez de deixá-la explodir". A observação desse menino não deixa de conter um fundo de verdade. Há quanto tempo você não recebe seus filhos com um sorriso? Estão acontecendo coisas demais que fazem com que você fique parecendo e se sentindo esfalfado?

Apesar de o convívio com um adolescente chegar às vezes às raias da loucura, um modo de superar tais situações é lembrar que quanto maior o apuro, maior a necessidade de se ficar em silêncio, respirar fundo e lembrar que se trata do seu amado filho — será que um quarto desarrumado é tão importante assim?

Suzanne encontrou por acaso o jeito de se comunicar do tipo: "sorrir em silêncio". "Eu estava me sentindo dispensada, pois meu filho de 14 anos, Hank, não falava comigo. Quando chegava em casa, ele se trancava no quarto ou saía de novo para jogar basquete. Certo dia, quando ele entrou na cozinha para pegar algo na geladeira, interrompi imediatamente o que estava fazendo, sentei-me e fiquei sorrindo sem dizer uma única palavra. Para minha surpresa, ele também se sentou e começou a me falar do seu dia. Como ele costumava ficar emburrado quando eu lhe fazia perguntas, não lhe perguntei nada, mas simplesmente escutei-o, balancei a cabeça em sinal de concordância e continuei sorrindo. Aprendi mais naqueles 12 minutos do que tinha aprendido em um mês."

Sentada, a pessoa parece estar disponível; sorrindo ela fica parecendo acolhedora, e em silêncio ela parece com disposição para ouvir. É importante lembrar que os adolescentes não gostam que os pais lhes façam perguntas, por acharem que estão sendo interrogados e, por isso, ficam arredios. Mas quando os pais sorriem em silêncio, eles se sentem à vontade para sentar e se abrir. Por mais paradoxal que possa parecer, é justamente quando *vocês não estão falando* que *eles ficam mais dispostos* a bater papo. Se a vida com o seu adolescente às vezes parece sem sentido, sorrir faz você estar um passo à frente.

Abra-se para a reconciliação

Há uma crença popular que diz que se você não estabeleceu uma relação amorosa com os filhos até a adolescência, então já é tarde demais. Isto é apenas parcialmente verdadeiro. Seu filho adolescente deseja ter uma relação afetuosa com você e está disposto a deixar que ela aconteça — se você estiver disposto a assumir a parte da responsabilidade que lhe cabe nas dificuldades. Mesmo que a relação pareça irreparável e sem esperança, no seu íntimo o adolescente espera ter uma relação afetuosa com os pais. Se a relação entre vocês estiver abaixo do nível desejado, você, o adulto, terá de dar o primeiro, o segundo, o terceiro e quantos outros passos forem necessários para chegar a ter uma relação saudável com ele.

Quando faço palestras, algumas pessoas mostram-se suficientemente corajosas para reconhecer que não foram bons pais. Que foram severos, críticos e controladores demais, que não se empenharam o suficiente para conhecer o filho, que foram demasiadamente relapsos, desinteressados ou, ao contrário, emocional ou fisicamente violentos. Uma mãe reconheceu que sentia-se tão insatisfeita com sua própria vida que não queria se aborrecer ainda mais com os filhos. Ela achava que eles eram mais um incômodo. Ao fazer um exame retroativo, ela compreendeu que quando eles eram pequenos ela se sentira deprimida e que agora estava disposta a reparar as faltas.

Reconciliar-se começa com o reconhecimento específico do que se fez de errado: "Eu errei quando chamei você de preguiçoso ontem à noite", seguido da afirmação da verdade: "Eu estava de mau humor e descontei em você". Em seguida, coloca-se a intenção de mudar o comportamento: "Não quero mais despejar minhas frustrações em cima de você. Por isso, quando estiver de mau humor, vou sair para dar uma caminhada".

Nunca é tarde demais para se estabelecer uma relação com seu filho, mas, para isso, você tem que estar disposta para pedir desculpas pelo que fez. Não um pedido genérico de desculpas, mas um que especifique o que você fez e o que pretende mudar no comportamento para reparar as coisas. Faça um balanço das falhas que cometeu no passado e proponha mudanças com palavras e atos. Se os pais se mostram responsáveis por seus atos, os filhos também adquirirão esse hábito.

Admita quando estiver confusa. Por exemplo, Nancy disse à sua filha: "Não tenho nenhuma experiência de ser mãe de adolescente; ajude-me, pois eu também estou aprendendo". Quando não estiver de acordo, diga: "Não concordo, mas isso não quer dizer que temos de nos enfrentar cada vez que tivermos uma discordância".

Tome a decisão de perdoar seu adolescente quando ele o tiver magoado. Não há necessidade de prosseguir com o espírito de animosidade. Conheci pais que carregaram mágoas dos filhos pela vida inteira. Nós podemos escolher as nossas atitudes, e cada um tem dentro de si a capacidade de transformar o ressentimento em perdão. Não existe absolutamente a necessidade de arrancar o filho adolescente do próprio coração — nem mesmo por um instante.

Comunique-se com o coração aberto

A relação com o filho adolescente é dinâmica. É próprio dela, às vezes, desequilibrar-se um pouco. O entrelaçamento entre pais e filhos é de natureza tal que a reação de raiva dos pais, em vez de dizerem o que realmente estão sentindo, passa a ser normal.

Sempre que Frank está preocupado com um dos filhos, ele se exaspera e chega a perder as estribeiras, em vez de simplesmente tentar encontrar uma forma amável de dizer: "Estou preocupado com você". Depois da partida de futebol, Dan pôde perceber que James, 14 anos, estava se sentindo mal por ter segurado a bola. Dan também estava se sentindo mal, mas em vez de procurar consolo, começou a reclamar do árbitro. Comunicar-se com o coração aberto significa dizer calmamente o que se pensa do fundo do coração: "Sinto muito por você estar sofrendo" ou "Receio que você fique grávida".

Para que a fala venha do coração, é importante ficar um momento em silêncio e poder ver claramente o que se está sentindo antes de responder, se houver necessidade de alguma resposta. Os pais devem saber o que estão pensando e sentindo antes de precipitar-se a dar uma resposta que pode não ter nada a ver com o que está preocupando o filho.

É responsabilidade dos pais corresponder às necessidades do momento em vez de reagir automaticamente a partir de experiências passadas ou de idéias preconcebidas. Isso nem sempre é fácil e exige muita consciência de si mesmo. É preciso que os pais entendam suas próprias motivações e aprendam a enxergar além delas. Conforme me disse uma mulher: "Acabei percebendo que quase toda a minha raiva era resultante do medo. Portanto, quando me vejo prestes a explodir, pergunto-me do que estou com medo. Descobri que grande parte da minha raiva pelos erros comuns que meus filhos adolescentes cometem — como esquecer de retirar a louça da lavadora — deve-se ao meu próprio medo de que meus filhos se tornem adultos irresponsáveis".

Um dos motivos pelos quais os filhos não contam aos pais o que está acontecendo é a reação exagerada deles. Com suas reações exageradas eles só pioram as coisas. Nem mesmo uma crise tem de ser transformada em trauma. É possível lidar com qualquer situação dolorosa desde que a pessoa se dê o tempo necessário para responder com calma e com a mente e o coração abertos. Existem pais que acham que os filhos adolescentes fazem as coisas com o propósito de irritá-los, incomodá-los e manipulá-los. Francamente, às vezes sentimos que eles nos levam à loucura.

Responder com o coração aberto significa ter capacidade para separar o comportamento próprio do do filho e a reação a esse comportamento do amor que se sente por ele. Significa também poder agradecer, pois todo adolescente precisa ouvir uma palavra de gratidão de vez em quando.

É claro que nem sempre conseguimos nos manter centrados e afetuosos. Sempre haverá ocasiões em que explodimos, perdemos o controle, temos um ataque de nervos e dizemos coisas apenas da boca para fora. Quando isso ocorre, temos de ser tolerantes — afinal, também temos um "adolescente selvagem" dentro de nós.

Acolha de bom grado as mudanças

Apesar de se saber que tudo muda, dificilmente se está preparado quando o problema é a mudança dos próprios filhos. Quando eles são bebês, as mudanças parecem acontecer gradualmente. Os pais sabem que os filhos estarão com eles por 15 anos ou mais. E, de repente, eles já são adolescentes e os anos passam voando. Todos cresceram e têm planos próprios, que nem sempre incluem os pais, que então percebem que o tempo que têm perto deles é precioso — os anos passaram a ser meses.

Como pais, queremos nos agarrar aos momentos comoventes, como quando ela perdeu um dente e você, mãe, foi a "Fada do Dente", ou quando você, pai, comprou as luvas de beisebol para ele e ensinou-o a segurar o taco. Para os pais, os filhos permanecerão sendo sempre bebês, só que não podem mais tratá-los assim. A filha de vocês já é uma mocinha e o filho está se tornando um rapaz. Quando ele chega à adolescência, tem muitas experiências novas. E se vocês acham que ele continua pensando como quando tinha dez anos, estão totalmente por fora. Se lutarem contra essas mudanças, provavelmente estarão se desgastando em vão. Mas se as acolherem de bom grado, o coração de vocês se rejuvenescerá.

Os pais também têm de mudar — não podem evitar que isso ocorra. O crescimento e a mudança fazem parte de um processo constante que envolve toda a família. A filha não é mais a mesma pessoa de cinco anos atrás, e os pais também não.

A mudança traz novas possibilidades e abre caminho para acontecimentos surpreendentes. Logo vocês descobrirão que têm mais coisas para compartilhar. Joella deixa de ajudar Cynda a escolher a lancheira a cada início de ano e deixa de ver os desenhos feitos com giz na calçada, mas, ao mesmo tempo, tem o prazer de vê-la dançar pela primeira vez e sente-se orgulhosa por Cynda ter vontade própria e não simplesmente seguir a maioria. Mary, a mãe de um adolescente, sente falta dos amontoamentos da família na cama, mas agora Chuck senta-se no sofá para bater papo. Apesar de sentir falta do aconchego da cama, ela valoriza conversas adultas, e sente prazer pelo fato de Chuck se preocupar com ela. "Vou procurar no jornal para ver se seu time venceu, mamãe." Robert sente falta das leituras de gibis para seu filho, mas gosta de jogar golfe com ele aos domingos.

É natural que os pais sintam falta daquele tempo em que os filhos eram tão pequenos e espertos e os consideravam o centro do mundo. Em certas ocasiões, preferiríamos voltar ao passado, principalmente quando eles se mostram irritáveis e respondões. Como pais corajosos e conscientes do processo de vida no qual estão envolvidos, acolhemos as mudanças e reviravoltas, derramando lágrimas e seguindo em frente. Às vezes, nos sentimos gratificados pelas mudanças e, ainda mais, pelo fato de a adolescência não durar para sempre.

Acrescente um pouco de sabor à sua própria vida

Quando seu filho adolescente fica com a parte divertida da vida enquanto você faz todo o trabalho, é hora de dar uma pitada de sabor à sua própria vida. Se você está sobrecarregado de afazeres, obrigações e tarefas, se está se sentindo facilmente perturbado e explorado, se você vive acusando seu filho adolescente de ser irresponsável e preguiçoso, é hora de transferir a atenção do filho para si mesmo. É hora de fazer um balanço de sua vida.

Meg, mãe de duas jovens muito ativas, queria que elas desfrutassem ao máximo a fase da adolescência e, para isso, fazia tudo para facilitar-lhes a vida. Certo dia, sentindo-se exausta e ressentida, acusou-as de não terem consideração por ela. As três tiveram uma sessão de gritos na cozinha e Meg ameaçou tirar-lhes todos os privilégios caso elas não "entrassem na linha". Passados dois dias, tudo tinha voltado ao normal — até a próxima vez em que Meg se sentiu explorada.

Se quisermos evitar as situações de queixas do tipo "depois de tudo o que fiz por vocês", temos de parar de culpar nossos filhos por estarmos nos sentindo exauridos e explorados. Culpar não leva a nada e não resolve o problema se você não estiver se cuidando. É nossa responsabilidade providenciar para termos a nossa parcela de prazer. Todos precisamos de uma dose de seiva vital e, para que isso aconteça, teremos de dá-la a nós mesmos.

Os pais fazem, e nunca deixarão de fazer, sacrifícios voluntários por seus filhos. Mas se não quisermos ficar conhecidos como mártires, que atribuem culpas aos filhos para que eles nos apreciem, precisamos aprender a compensar os sacrifícios, fazendo escolhas que nos agradem espiritualmente.

Ser criado por pais que sacrificam suas próprias necessidades é um peso para o filho. Por outro lado, é um prazer ser criado por pais que têm vida própria, que se sentem realizados. Pais felizes e realizados ensinam os filhos a ser responsáveis pela própria felicidade.

Deanna colocava todas as suas energias nos filhos até perceber que estava se descuidando dela mesma. Um dia, ela comunicou à família: "É hora de eu cuidar um pouco mais de mim". Ela ensinou os filhos a lavar roupa e entrou para um curso de balé. "Não fiquei surpresa quando os vi na minha apresentação", ela disse, "mas fiquei surpresa por vê-los de roupas limpas!"

Procurem colocar um pouco de alegria em suas vidas. Fazendo aquilo que alegra o coração, vocês e seus filhos serão mais felizes.

Dê enfase ao que realmente importa

Como em *O Mágico de Oz*, já temos dentro de nós aquilo que estamos procurando. Exatamente como Dorothy, o Homem de Lata e o Leão Covarde, nossa filha adolescente também acha que lhe falta algo. Tem certeza de que se ao menos conseguisse descobrir o ingrediente oculto, se tornaria famosa, linda e inteligente. Ela procura em revistas e filmes e vê garotas fantásticas que têm tudo o que ela gostaria de ter. Tenta competir com elas, procurando descobrir qual é a maquiagem perfeita, o esmalte perfeito para suas unhas e a última moda em tudo. Ela quer ser especial, feliz, e, para isso, anda com as pessoas certas, sonha com o homem certo. Apesar de todos esses esforços, ela tem um anseio, sente um vazio no peito e não sabe por quê. O mesmo acontece com o menino. Perdido no mundo, ele deseja ardentemente um carro veloz, sonha ser corajoso, está empenhado em descobrir, sem saber como nem por quê, o que lhe falta — o caminho de volta para casa, para seu próprio ser.

Os adolescentes, mesmo os problemáticos, precisam saber que eles têm valor pelo que já são. Todos eles sentem-se inúteis ou inadequados. É tarefa dos pais assegurar-lhes que são maravilhosos. Cercados de uma família que os ama, eles têm tudo o que precisam para ser felizes. A felicidade não é algo que se agarra ou pelo qual se luta. Ela vem de dentro, nos momentos de tranqüilidade, como um sentimento que toma conta do coração. Estimulem seus filhos a refletir, a ficar em silêncio, a voltarem-se para dentro de si mesmos. Digam-lhes que as respostas para os dilemas da vida encontram-se dentro deles mesmos, não no último CD ou no tamanho dos seios. Ressaltem os valores espirituais, a generosidade para com os outros. Falem sobre as forças invisíveis do universo que movem nossas vidas e fazem milagres.

Mesmo que sua filha não seja popular nem bonita, e seu filho possa não ser o capitão do time de futebol, eles têm muitos dons: são de fato únicos. Exatamente como o patinho feio, quando amado, torna-se um cisne, a beleza de um filho também desabrochará à luz do amor que vocês lhe dão. Não o obriguem a ser o que não é — deixem que ele desabroche de forma natural, amando-o total e incondicionalmente.

A esperança do nosso futuro está em nossos adolescentes, e eles precisam saber disso. Apesar de sermos diferentes, também somos iguais. Toda vida é valiosa; é importante fazer com que eles saibam disso. Se vocês se centram só nos problemas ou nos aspectos negativos, não lhes restará energia para ver a luz do sol, sentir o cheiro de terra molhada pela chuva e o sabor da baunilha. Mostrem a eles uma nova maneira de enxergar as coisas: o céu existe ao nosso redor.

Ensine seu filho a rezar seguindo seu exemplo

Todos nós — inclusive os adolescentes — temos uma essência espiritual. Nosso querido filho adolescente é um ser espiritual com anseios e necessidades próprias. Suas necessidades vão além do sucesso material, das roupas da moda, dos amigos certos, do modelo de carro e da escola certa para que ele se realize neste mundo. Elas incluem também uma perspectiva espiritual, uma estrutura conceitual na qual apoiar-se quando as necessidades do espírito clamam.

Por meio de nosso próprio exemplo, podemos mostrar a nossos filhos adolescentes modos de prestar atenção a essas necessidades do espírito. Forçar princípios religiosos goela abaixo não tem nem a metade da eficácia que lhes oferecer exemplos sobre os quais eles podem refletir e responder ao chamado do espírito à sua própria maneira.

Comece o dia com um simples exercício espiritual. Eu adoro acordar Amanda ao som de cantos gregorianos ou ao som espirituoso de um saxofone. Já lhe falei tanto dos milagres que ocorreram em minha vida que ela está começando a reconhecer os que aconteceram com ela. Chegamos a ponto de concordar que é mais divertido ter anjos cuidando de nós do que termos de fazer tudo sozinhas. Nossa casa é nosso templo. Cultivamos a reverência em nosso lar com velas, orações, meditações, flores e beleza. Amanda adora conversar, mas também aprecia ficar em silêncio para poder centrar-se.

Preencha sua vida com coisas simples, que lhe proporcionem satisfação. Os Stein têm um jantar em família uma vez por semana, que começa com uma oração de gratidão pela comida que têm sobre a mesa e pelas pessoas sentadas à sua volta. Eles desligam o telefone para poder conversar sem ser interrompidos. Janelle e sua mãe levam os cães para passear todas as noites. A família Martinez raramente deixa de ir à missa nas manhãs de domingo.

Orar é uma atitude diante da vida, um canto de gratidão que vem do coração. Ensinem seus filhos adolescentes o respeito por todas as formas de vida — e rejubilem-se juntos. Orar é expressar a gratidão de um coração transbordando de dádivas. Agradeçam por terem seus filhos com vocês.

A relação que vocês têm com seus filhos adolescentes é sagrada — existe uma confiança que é sagrada entre vocês. Apesar das dificuldades e dos mal-entendidos, o vínculo que existe entre vocês é sagrado. Procurem respeitar esse vínculo. Em toda relação entre pais e filhos adolescentes existe uma abundância de graça que os protege — reconheçam-na, invoquem-na e ensinem seus filhos a invocá-la também. Peçam toda a ajuda de que necessitarem. Saibam que eles estão com vocês por vontade divina, não por um simples acidente. Reverenciem todos os membros da família: avós, mãe, pai, adolescentes, crianças. Os espíritos de vocês estão ligados para sempre.

Valorize o convívio familiar

Por todo o país há adolescentes que se sentem separados de suas famílias, separados dos adultos que prestam simulacro de profissão de fé aos valores familiares, mas que expulsaram seus preciosos filhos de seus corações. Existe um número excessivamente elevado de adultos obcecados com a idéia de seguir em frente e tão voltados para as pressões de suas próprias vidas, que ignoram as necessidades de seus filhos adolescentes. Os adolescentes precisam mais do que bens materiais e mais do que cursos universitários para serem bem-sucedidos. Eles anseiam pelo amor incondicional dos pais e pela segurança de um lar em que todos possam se comunicar.

Para mim, lar é um lugar no qual, ao término de um dia atribulado, podemos nos recolher para descansar e relaxar as tensões. Em comunhão com os familiares queridos, podemos renovar o espírito e revigorar a alma. Infelizmente, segundo uma pesquisa realizada nos Estados Unidos, a maioria das crianças acha que seus pais não estão disponíveis e não espera ter um futuro feliz.

Os adolescentes vêem os adultos descartarem-se de seus cônjuges, de pais e irmãos que não lhes agradavam e, portanto, não é de surpreender que se preocupem com o fato de não pertencerem a nada nem a ninguém. É grande o número de adolescentes que se sente excluído, relegado ou abandonado por adultos que não querem ser incomodados. Os vícios das drogas e do álcool, a promiscuidade, a violência, a depressão e o suicídio são todos sintomas de corações partidos e de famílias destruídas que não sabem como se relacionar.

Os adolescentes desejam participar especialmente de uma família que os aceite, que os acolha com carinho e que aprecie a presença deles — e que saibam demonstrá-lo. Quando seu filho chega em casa depois de um árduo dia na escola e vocês demonstram alegria por vê-lo, com certeza, ele também fica muito contente, quer demonstre ou não esse contentamento. Quando o adolescente não tem nenhum vínculo positivo que o ligue à sua família, ele se volta ainda mais para os amigos e para as outras pessoas.

Façam seus filhos sentirem o quanto são importantes para a família. Juntos vocês formam um time em prol de um mesmo objetivo. Façam com que eles saibam do compromisso que vocês têm com eles e que os vínculos familiares jamais serão dissolvidos. Criem um lema familiar. Amanda e eu criamos o seguinte: "Somos ricas, ricas de amor". Aos adolescentes pode ser muito importante ter uma família ampliada, com avós, tios, tias e primos. Façam um esforço para manter ou retomar o contato com eles pelo bem dos filhos. Os Smith raramente vêem seus parentes, pois vivem muito longe uns dos outros; por isso, criaram intencionalmente uma família composta de amigos e vizinhos próximos. Saber que podem contar com essa família "adotiva" tanto para as horas de diversão e de celebração quanto para as situações de emergência é algo muito importante para eles.

É o amor incondicional da família que alivia nossas aflições.

Faça o melhor possível

Há momentos em que tudo dá errado. Tudo o que fazemos ou dizemos só piora as coisas. Por mais habilidade, afeto, bondade, equanimidade, compreensão, gentileza ou brilhantismo que tenhamos, sempre haverá aquelas horas difíceis em que o adolescente não se dispõe a cooperar e responde com gritos e palavrões, vira as costas e desobedece às nossas ordens. E há ocasiões em que nada contribui para melhorar as coisas — aquelas horas em que eles não gostam de nós e nós não gostamos deles.

Quando tudo o que vocês fazem irrita seus filhos, eles se mostram briguentos, mal-educados e provocadores, vocês se perguntam onde foi que erraram? Vocês gostariam de poder começar de novo e fazer tudo diferente? Vocês se empenham para ter um bom relacionamento com eles, mas ao mesmo tempo, no íntimo, anseiam pela paz e tranqüilidade de quando eles não estão em casa?

Isso não ocorre só com vocês. É comum os pais se sentirem culpados. Achamos que podemos ter passado para nossos filhos nossas próprias inseguranças e inadequações. Receamos ter-lhes imposto nosso legado de sofrimento. Nos perguntamos se fomos capazes de lhes ensinar o que precisam para serem bem-sucedidos. Duvidamos de nós mesmos e chegamos a concluir que confundimos nossos papéis de pais e fizemos tudo errado.

Às vezes somos duros, achamos que somos incompetentes como pais. Sabemos que nos preocupamos demais com seus reveses e assumimos muita responsabilidade pelo futuro deles — mas não conseguimos agir de modo diferente. Afinal, somos pais e desejamos o melhor para eles.

Quando as coisas vão mal, colocamos a culpa nas pressões. Temos consciência de nossas imperfeições e, por isso, queremos que eles sejam perfeitos. Como me disse um pai: "Faço isso pelo bem dele". Ele receava que, se não corrigisse seu filho Eli, este perderia as oportunidades que a vida lhe ofereceria. "Ele tem muito potencial. Não quero que acabe desperdiçando-o, como eu fiz."

A perfeição é uma pílula extremamente amarga. Ela só faz a pessoa ficar tensa. Basta sermos "razoavelmente bons". O fato de nosso filho ter um problema não quer dizer, necessariamente, que erramos. É importante podermos dizer: "Estou fazendo o melhor possível". Al e Sue, pais de gêmeos adolescentes, me disseram: "Nossos filhos têm entusiasmo pela vida — e isso basta".

Peça sugestões para os assuntos mais polêmicos

Há uma infinidade de assuntos difíceis relacionados aos adolescentes: hora de voltar para casa, namoro, uso do carro, dinheiro, tarefas domésticas, dever de casa, moda, amigos, bebidas alcoólicas etc. Acontece muitas vezes de simplesmente não sabermos o que fazer. Os adolescentes têm de lidar com muitos dilemas, e não devemos nos desesperar se não conseguirmos lhes dar todas as respostas. Precisamos da ajuda de nossos próprios filhos, de nossos amigos e de profissionais. É importante obter informações e ouvir críticas. Temos muitos recursos à nossa disposição, inclusive de nossos próprios filhos, de outros pais, de grupos de pais e de grupos de apoio. Lynne disse: "Quando estou preocupada ou transtornada, enfrento melhor os problemas se converso antes com outros pais". Muitos outros pais conseguiram atravessar esse território com êxito. Eles podem ter sugestões eficazes que nós mesmos jamais imaginamos.

A comunicação franca e sincera é a chave. Perguntem a seus filhos adolescentes o que acham de questões como: companhia, namoro, hora de voltar para casa e dinheiro. Eles terão boa vontade para cooperar se tiverem participado da solução do problema. Mark diz: "Quando Hank pede para ir a festas, procuro deixar que ele vá sempre que possível. Pergunto a mim mesmo se existe algum motivo real que o impeça de ir. Em seguida, faço a ele a mesma pergunta. Se não encontramos nenhum bom motivo que o impeça, digo-lhe que vá e se divirta. Se por alguma razão ele não vai, procuramos juntos encontrar um modo de lidar com o problema para que ele *possa* ir".

Quando estimulamos nossos filhos a participar da solução de problemas difíceis, há menos atritos na relação e um entendimento muito maior. A família Lopes costumava discutir com os filhos assuntos como dinheiro e mesadas. Theresa, a filha deles, de 17 anos, tinha um emprego de meio período e ganhava o suficiente para seus gastos. Assim, ela resolveu que não precisaria de sua mesada e os pais concordaram em ajudá-la quando tivesse despesas maiores ou imprevistas. Juan, de 13 anos, queria ter uma mesada regular, todas as sextas-feiras, para poder comprar gibis. Cada família encontra suas soluções.

Elizabeth e seus filhos gêmeos não gostam de mesadas. Assim, ela lhes dá dinheiro quando eles precisam ou lhe pedem. "Eles nunca abusam desse privilégio. Quando pedem algo que não tenho condições de dar, vou logo explicando por que estou lhes negando. Em geral, eles entendem. Às vezes, pode acontecer de ficarem contrariados, mas não a ponto de me causarem problemas."

Quando surgem essas dificuldades — o que sempre acontece —, precisamos de ajuda. Um dos participantes de um grupo de pais expressou muito bem essa questão: "Como pai de um filho adolescente estou sendo sempre confrontado por novos desafios para os quais não estou totalmente preparado, de maneira que me considero consultor e investigador em busca de soluções — algumas já encontrei; outras, continuo procurando".

Estimule a busca de modelos de papéis

Para cada adolescente que tornou seu sonho realidade houve alguém que lhe indicou o caminho. *Orientar* é acreditar em outra pessoa e dar-lhe conselhos sobre como realizar seus sonhos. A pessoa que orienta oferece uma perspectiva que os outros podem ter desconsiderado e acredita em você, mesmo quando você deixou de acreditar em si mesmo. Todos os adolescentes, por melhores que sejam seus próprios pais, precisam de alguém que lhes sirva de exemplo — adultos sensatos, avós, orientadores e professores dispostos a abrir mão de seus próprios pontos de vista para se colocar do lado deles e lhes indicar o caminho. Nossa tarefa como pais é estimulá-los a encontrar tais modelos e não nos deixarmos levar pelo ciúme quando nossos filhos os encontram.

Seth estava querendo trabalhar meio período, mas devido a seus compromissos com a escola e suas obrigações em casa, ele podia trabalhar apenas ocasionalmente, em horário irregular. Alguma pessoa cética disse-lhe que ninguém empregaria um adolescente com tais restrições. Um vizinho o estimulou a ir em busca de seu emprego ideal, deu-lhe alguma orientação e o encorajou a ir em frente. Seth preencheu formulários candidatando-se a 12 vagas, anexou referências e uma carta explicando o que queria e por quê. Onze dos pedidos foram recusados e Seth ficou desanimado, mas seu orientador se manteve firme e confiante. Finalmente, um comerciante, impressionado com a iniciativa do garoto, mudou seus planos, contratou-o e treinou-o para atender pedidos.

Os adultos têm grande poder para influenciar as atitudes e comportamentos dos adolescentes. Temos poder para determinar o tom, ensinar o respeito e instilar o entusiasmo. Se não fazemos nada, deixamos nossos filhos adolescentes à mercê de pessoas cínicas, vigaristas e oportunistas que os usam em proveito próprio. Os adolescentes têm muita disposição para trabalhos práticos, se dão bem com trabalhos do tipo "faça-você-mesmo" e têm grandes doses de otimismo. O adolescente que é orientado por um modelo positivo sempre vê chegar a sua vez.

Como pais, precisamos reconhecer os mestres especiais que exercem papel muito importante na vida de nossos filhos. Tudo bem reclamar quando algo vai mal, mas é igualmente importante elogiar e mostrar gratidão pelo trabalho proeminente e dedicado que estão fazendo em prol de nossos filhos. Por que não escrever hoje uma carta ao professor, treinador ou orientador de seus filhos, agradecendo-lhes pelo papel extra que estão fazendo?

"Adote" um adolescente

Há muitas discrepâncias no modo de vida dos adolescentes. Enquanto alguns têm a proteção da família, que lhes dá afeto e um lar estável, um número excessivamente grande deles confronta-se diariamente com a miséria, a violência, o caos e o abuso. Apesar dos diferentes estilos de vida, suas necessidades são as mesmas.

A adolescência é uma fase que requer não apenas uma grande dose de compaixão e de compreensão dos adultos, mas também de responsabilidade, confiabilidade e disposição para ajudá-los, fazendo o que for preciso para garantir que a comunidade, o país ou o mundo atendam às necessidades das crianças e dos adolescentes. Que melhor meta poderia existir? Simplesmente por eles terem chegado à adolescência e serem em muitos sentidos altamente competentes, isso não quer dizer que podemos abandoná-los a seus próprios meios e recursos.

Tanto as meninas quanto os meninos necessitam da presença de uma figura masculina em suas vidas. Se você é homem, basta que dê uma olhada a seu redor para encontrar um menino ou uma menina que não tem pai. Quando levou seus dois filhos a um encontro de pais e filhos, Rich convidou um amigo deles que, de outro modo, não teria ido. Rod, pai de dois adolescentes, está sempre ajudando os amigos de sua filha. Ajudou Art a comprar um computador, cuida do carro de Amanda e ensina a criançada da vizinhança a consertar suas bicicletas.

Há muitas maneiras de ajudar e, ao fazer isso, você está ensinando os adolescentes a se unirem e, com isso, descobrirem as vantagens da ajuda mútua. Quando estendemos a mão a um adolescente, estamos estabelecendo um vínculo com alguém que, do contrário, poderia ficar se sentindo abandonado e magoado. Pelo exemplo próprio, nós os ajudamos a desenvolver identidade e orgulho próprios, por se sentirem parte de uma comunidade. Um adolescente que sabe que alguém se preocupa com ele e o demonstra com atitudes, continua numa direção positiva, e isso tem um efeito em cadeia que atinge a vida de todos nós.

Existem muitas maneiras de adotar um adolescente. Philip tornou-se o Irmão Maior para os meninos de uma instituição local. Victoria tornou-se a avó de uma adolescente. Stuart conversa com os adolescentes que brincam em volta de sua garagem e ensina-lhes a usar a chave inglesa e o martelo. Ginger procura manter o pote de biscoitos sempre cheio para as amigas de sua filha. Ela fez com que sua casa se tornasse um lugar acolhedor para os adolescentes.

Não desistam — há adolescentes que precisam de vocês.

Estenda o seu zelo a todas as crianças

Queremos que nossas crianças tenham um mundo melhor, mas ao mesmo tempo nos perguntamos se isso é possível. Queremos a paz, mas mesmo assim a desarmonia é grande. Como mães e pais do mundo, precisamos ser firmes em nossa determinação de dar aos nossos adolescentes o que eles merecem. Se lhes dedicarmos parte de nosso tempo e lhes dermos amor e apoio incondicionais, se formos persistentes na confiança que depositamos neles, eles poderão alcançar a autorealização.

Pais e mães precisam trabalhar para criar comunidades seguras para todos os adolescentes. Eles precisam ter para aonde ir, para se reunir, se divertir e aprender. Eles precisam de ruas que lhes proporcionem segurança e de ar puro para respirar. Os adolescentes se preocupam com o futuro que os aguarda, com as oportunidades que terão e, para alguns, o futuro não parece nada promissor. Um adolescente de 13 anos me disse: "Não acho que vou viver por muito tempo".

Que tipo de mundo queremos para nossos filhos? O que estamos dispostos a fazer para que todos os adolescentes sejam assistidos e tenham oportunidades? Se não tivermos uma visão positiva de nossos jovens, eles fracassarão. Se pais e mães desistirem dos adolescentes, estaremos todos em maus lençóis. Conforme expressou com eloqüência uma mãe: "Com fé em mim mesma, nos meus semelhantes e com o amor de Deus me guiando, continuarei lutando por nossos adolescentes".

Assumam vocês também o compromisso de fazer da comunidade um lugar melhor para todos os jovens. Conversem com outras pessoas sobre o que planejam fazer. Perguntem o que elas têm feito. Se na sua comunidade está tudo bem, procurem ajudar outras menos favorecidas. Não basta dizer: "Tenho pena de nossos adolescentes". Temos de nos dispor a fazer algo — e a começar agora mesmo!

Disposição de espírito

A vida com seu adolescente é cheia de surpresas, de momentos absurdos e ridículos. Se você for séria demais, não terá uma visão do conjunto. É preciso que reafirme sempre, em palavras e atos, o seu amor incondicional, pois embora eles se mostrem indiferentes, as expressões de afeto lhes são muito importantes.

Experimente uma atitude brincalhona

Com um adolescente em casa, raramente temos momentos de tédio, pois sempre há algo acontecendo: "Papai, é só uma coisinha na embreagem!", "Mas mamãe, o cabelo é *meu*!", "Sim, todo mundo está perdendo o sono — o que há de errado com *isso*?". É muito comum entrarmos em pânico — especialmente quando eles vêm nos contar a última aventura que tiveram ou insistem em experimentar as últimas manias. É natural que nos preocupemos, afinal, só estamos querendo protegê-los da melhor forma possível. Mas se aprendermos a levar as coisas com mais leveza, em vez de nos irritar com todas as mudanças de humor e com todas as idéias aparentemente absurdas, haverá mais energia e entusiasmo em nossas famílias, os conflitos se resolverão mais rapidamente e as tensões se dissolverão com menos antagonismo.

O período que vai dos 13 aos 19 anos é conhecido pela dramaticidade e pela intensidade dos sentimentos, mas seremos menos suscetíveis aos altos e baixos do dia-a-dia de nossos filhos adolescentes se conseguirmos manter uma atitude brincalhona. O comediante sabe que a piada tem de ser dita na hora certa, e o mesmo vale para a relação com os filhos adolescentes. Colocada na hora certa, uma expressão engraçada pode transformar um possível confronto numa disposição para cooperar. Descobrindo como, onde e quando falar de forma brincalhona, temos mais oportunidades para nos divertir em família e, ao mesmo tempo, conseguir o que queremos.

Mark, 13 anos, discordava de cada palavra de sua mãe. "Eu não diria que o céu é azul", ele dizia. "Na verdade, ele está mais para cinzento." "O fato de eu comer pizza não quer dizer absolutamente que eu goste." "Não suponha que eu esteja querendo falar com você simplesmente por estar te escutando." Após alguns dias de conversas desse tipo, a mãe já tinha perdido a paciência e disse bem-humorada: "Sei que você adora contrariar tudo o que eu digo, mas hoje estou exausta e, por isso, você pode tirar folga. Amanhã, você continua". Ele riu e ficou de bom humor o resto do dia.

O que é uma atitude brincalhona? É encontrar um modo de conseguir o que você pretende sem humilhar seu filho. A brincadeira deixa todo mundo relaxado e, com isso, não coloca mais lenha na fogueira. Significa saber quando se deve aliviar as tensões. O adolescente sabe quando está ultrapassando os limites da nossa paciência, mas às vezes não consegue parar. Quando você se irrita e o constrange, ridiculariza ou ameaça, está encurralando-o e, com isso, ele passa a defender sua posição ainda com mais afinco.

Uma observação jocosa de nossa parte pode reverter totalmente uma situação de confronto. Greg recebeu uma advertência por ter dirigido acima do limite de velocidade e entrou na defensiva quando seu pai, Allen, quis abordar o assunto. Allen começou a gritar, mas em seguida parou e começou a dizer cantarolando: "Eu sei que você não precisa dos meus conselhos, mas se não agir como pai, vou achar que não estou cumprindo meu dever, portanto, ouça o que tenho a dizer". Greg balançou a cabeça, entendeu e ouviu. Quando chegaram a uma conclusão, Greg perguntou: "Está se sentindo melhor agora, papai?".

Se você aborda o filho com uma atitude brincalhona, é possível que ele comece a tratá-lo da mesma maneira.

Tenha altos papos com eles

Se os únicos papos que vocês têm com seus filhos adolescentes são para fazer perguntas, dar broncas ou conselhos, é muito provável que eles os dispensem. Como os adolescentes costumam vibrar com entusiasmo e não gostam que os pais se metam para dar opiniões, recomendo exercitar o dom da tagarelice para ter com eles papos interessantes e produtivos. É um meio de vocês descobrirem o que eles estão pensando e sentindo, e o que está acontecendo pelo envolvimento direto.

Quando se tem um papo interessante, os adolescentes não ficam tão defensivos e, com isso, podemos passar para as questões mais filosóficas sem que eles se dêem conta. Com papos interessantes conseguimos influenciá-los sem inspecionar cada movimento.

Um papo interessante é constituído de quatro fases: o relato de uma história ou de um acontecimento; a escuta atenta do relato, a intervenção feita na hora certa e a abertura do caminho para que o diálogo continue existindo.

Para que os pais tenham altos papos com seus filhos adolescentes é preciso que eles se disponham antes a ser ótimos ouvintes. Se os filhos não falam com os pais sobre o que está lhes passando pela mente, é provável que estejam falando com alguém que realmente os escute. Se supomos que já sabemos o que o filho está querendo dizer, tendemos a nos apressar tanto a lhe dar conselhos que ele se cala quando estamos por perto.

Constatei que muitos pais não costumam ouvir até o fim o que os filhos têm a dizer. Na verdade, a maioria não consegue ouvi-los nem por um minuto sem interrompê-los com um conselho ou com uma solução para o problema. Para aumentar a capacidade de ouvir, recomendo a prática do seguinte exercício: marquem um minuto no relógio, sem dizer uma única palavra. Pratiquem esse exercício a sós até que vocês consigam calcular mentalmente "um minuto de escuta". Da próxima vez que seu filho adolescente vier lhes falar, estejam preparados para ouvi-lo inteiramente por um minuto antes de expressarem qualquer opinião.

O minuto de escuta é seguido de uma resposta atenta: "Acho que é uma boa idéia". "O que aconteceu?", "Estou me perguntando o que você acha de...?", "Isso também aconteceu comigo". Podemos ainda recorrer a pequenas interrogações para estimular a continuação do diálogo: "Mas?", "Oh?", "O que você fez, então?", "Você pensou em...?", "Verdade?".

Sally tornou-se tão boa ouvinte que seu filho Eric, de 14 anos, confessou ter entrado sorrateiramente no cinema. "Escutei-o por cerca de dois minutos e então perguntei: 'Verdade?'". Depois de tê-lo deixado continuar falando, em vez de repreendê-lo, Sally deu-lhe uma resposta que mostrou que realmente o estava ouvindo. "Eu fiz a mesma coisa quando tinha 17 anos." Essa resposta levou-os a uma discussão de vinte minutos sobre pressões de grupo e capacidade de discernir o certo do errado.

Por melhor que seja o seu papo, seu adolescente não irá cansar os seus ouvidos. Mas os seus amigos, vizinhos e familiares podem vir a fazê-lo. Portanto use suas novas habilidades, e discretamente.

Respeite o ponto de vista deles

Os adolescentes têm um modo mais simples de ver as coisas e se nós os escutamos com o coração aberto, eles se sentem suficientemente seguros para expressar seus pontos de vista. Os adolescentes dizem a verdade com tal sinceridade, que deixam os adultos pasmos e perplexos quando fazem suas observações. Eis algumas coisas que os adolescentes me disseram. Será que vocês também concordam que são de uma sinceridade espantosa?

Brian, 13 anos: "Nunca vi todos os membros de minha família juntos, numa boa. É melhor quando estou só com mamãe, só com papai ou só com meu irmão. Quando estamos todos juntos, surge sempre um motivo de disputa, alguém se enfurece e nunca chegamos a um acordo. Brigamos até mesmo na manhã do dia de Natal. Alguém sempre tem de dizer quando é hora de abrir os presentes e onde colocar os papéis de embrulho. Acho que o melhor de tudo é quando deixamos os gatos entrarem e ficamos olhando a brincadeira deles com os papéis".

Jolee, 15 anos: "Acho que os adultos têm medo dos adolescentes, porque ainda somos livres e eles não são mais".

Já ouvi inúmeros adolescentes dizerem: "Gostaria que meus pais me escutassem mais", "Meus pais são demasiadamente desconfiados", "Gostaria que meus pais levassem em consideração o que quero e como quero viver a minha vida". Quando o filho adolescente diz que nossas reações são excessivamente emocionais, talvez seja hora de levarmos em consideração o que ele está dizendo. Lindy disse: "Minha mãe fica irritada quando conto alguma coisa, mas meu pai escuta o meu lado da história".

Prestar atenção no ponto de vista deles, na sua versão dos fatos, significa parar para ouvir por tempo suficiente para refletir sobre o está sendo dito. Nesse sentido, adote a seguinte atitude: *"Talvez você esteja certo. Vou pensar no que você está dizendo"*, ou *"Sei o que você quer dizer. Nunca vi a questão por esse ângulo"*. Soa como música aos ouvidos deles quando você diz: "Estive pensando no que você me disse...".

Descobrir o que eles pensam e levar em consideração o ponto de vista deles são coisas bem diferentes de interrogá-los. Os adolescentes não gostam de ser interrogados. Se lhes fazemos perguntas muito diretas, eles se fecham. Não temos de agir como se fôssemos detetives tentando descobrir todos os detalhes dos acontecimentos. Os adolescentes não gostam de responder a perguntas como: "Onde você andou?". "O que você esteve fazendo?", "Já fez todo o seu dever de casa?", "Já fez seus exercícios de piano?", "O que você vai fazer sábado à noite?", "Quem vai estar lá?". Como Amanda me disse: "Apenas perguntas genéricas, mamãe!".

Exponha suas opiniões

Podemos exercer influência sobre a vida de nossos filhos adolescentes se tivermos disposição para compartilhar com eles nossas reflexões e pontos de vista. Compartilhar é deixar que eles saibam o que pensamos sem insistir para que vejam as coisas da mesma maneira que nós. É ter a mente aberta para examinar os diferentes pontos de vista, procurar ver todas as alternativas e considerar todas as escolhas. Regras, disciplina, castigos e controles despertam hostilidade nos adolescentes, pois quando eles se vêem forçados a se comportar do jeito que queremos, fincam pé e não há quem consiga demovê-los da idéia. Por outro lado, se expressarmos nossas opiniões com consciência, eles podem levá-las em consideração.

Tim nunca conversava com seu filho. Na maioria das vezes, dava-lhe ordens aos gritos ou o criticava com comentários do tipo: "Você não sabe fazer outra coisa?", "Estou fazendo isso pelo seu próprio bem", "Se todos os seus amigos saltassem de uma ponte, você também faria o mesmo?", "Como você pôde ser tão estúpido?". No fundo, seu filho de 15 anos, Sam, sentia-se envergonhado. Ele se perguntava por que seu pai nunca lhe explicava nada. Ele gostaria de ter um pai sensato.

A maioria dos adolescentes se ressente com o fato de os pais lhes darem ordens. Na verdade, quanto mais eles amam os pais, mais ofendidos se sentem quando são repreendidos, castigados, xingados ou insultados. Xingar a filha a faz ficar ressentida, destrói sua autoconfiança, confunde as coisas e aumenta sua confusão interna — e com isso ela nunca vai ouvir uma palavra do que os pais dizem. Em vez de os pais exigirem que ela ouça ou faça o que eles estão dizendo, como adultos sensatos eles deveriam ser capazes de expor seus pontos de vista para que ela os levasse em consideração, sem magoá-la.

Martha costumava falar muito quando seus filhos estavam por perto. Comentava o que estava acontecendo nas redondezas, conhecia os professores do colégio e fazia com que seus filhos soubessem quando ela discordava de um deles. Tinha opiniões próprias a respeito de política e participava ativamente de sua igreja. Ela dizia aos filhos o que pensava a respeito da gravidez na adolescência e não tolerava atitudes de desrespeito. E admitia quando não tinha certeza de algo.

É importante que os pais expressem seus valores e critérios. Um estudo demonstrou que os filhos que ouvem os pais expressarem seus valores conseguem — eles próprios — fazer melhores escolhas. Deixem que eles conheçam suas opiniões. Justifiquem seus pontos de vista. Digam qual é sua filosofia de vida e como chegaram a ela. Deixem que ouçam suas conversas com outros adultos.

Aletha e Art, pais de três adolescentes, notaram que sempre que tinham amigos em casa, com os quais travavam discussões acaloradas sobre política, finanças, cinema, religião e outros assuntos, os filhos gostavam de ficar por perto, de ouvir e dar suas próprias opiniões. Colocar os próprios pontos de vista de modo receptivo ajuda a criar uma atmosfera favorável que aproxima um pouco mais os pais de seus filhos. Assim, quando surge algum problema que precisa ser discutido, o clima favorável já existente facilita a discussão.

Promova aventuras

Os adolescentes são naturalmente vivos e alegres, e com esse estado de espírito animando a casa não sobra muito tempo para o tédio. Eles são extremamente curiosos, ansiosos por experimentar coisas novas, transbordam de entusiasmo e estão dispostos a correr riscos em busca de aventuras. Adoram a emoção e a intriga. Para eles, essas são formas de dominar a vida, de saber mais a respeito de si mesmos e de seus potenciais. Querem sair do domínio da família e abarcar o mundo. Com tal energia e vibração, querem descobrir, ver e experimentar tudo. Trisha, 16 anos, disse: "Não quero perder nada".

A necessidade premente que os adolescentes têm de explorar o mundo e as emoções próprias deve ser vista como um sinal positivo de crescimento. Essa fome de explorar a vida por conta própria é o instinto propulsor que transforma os adolescentes em adultos. Sem esse instinto, eles jamais sairiam de casa e permaneceriam sendo crianças para sempre.

Margee andava preocupada porque Jerome, seu filho de 15 anos, passava a maior parte dos fins de semana assistindo à televisão ou saindo sozinho para pescar. Com a chegada do verão, ela esperava que ele demonstrasse interesse em conseguir algum trabalho ou, pelo menos, que mantivesse seu quarto em ordem e colaborasse com as tarefas domésticas. No entanto, ele não tinha nenhuma motivação e recusava-se a cooperar. Jerome admitiu que andava aborrecido: "Meus pais não me deixam sair do estado para pescar com a família de um amigo meu e não me deixam trabalhar com a turma da limpeza do parque. Eles não querem que eu saia de casa, não querem que eu cresça". O modo como os pais de Jerome estavam reprimindo seu espírito de aventura levava-o a resistir passivamente a fazer qualquer coisa.

A aventura não tem de ser arriscada para entusiasmar os adolescentes. Eles estão sempre dispostos a aprender, especialmente quando se trata de algo que adoram. Perguntem a seus filhos adolescentes o que eles gostariam de fazer por puro prazer e que levasse um minuto, cinco minutos ou cinco horas. Comecem então a introduzir um pouco mais de diversão e entusiasmo a cada dia. Pequenas aventuras, como um piquenique no parque, podem dar sabor à vida e, também, melhorar a qualidade do tempo que vocês passam juntos.

É possível que eles aproveitem suas sugestões para descobrir aventuras que eles mesmos nunca tinham pensado. Aos 13 anos, David aprendeu a ler a tabela dos horários de ônibus e, aos 15, esse é seu principal meio de transporte. Quando Emma, 13 anos, declarou que andava entediada, seus pais sugeriram uma série de opções: acampar nas férias de verão, uma viagem de avião sozinha para visitar seus avós, aulas de equitação... Max, 14 anos, adorava atividades ao ar livre, e conseguiu levar toda a família para um passeio de caiaque. Alice percebeu que sua filha não estava desenvolvendo seu talento artístico e, para estimulá-la e introduzi-la no mundo artístico, foi com ela fazer um curso de pintura de aquarela.

Uma coisa é certa: os adolescentes, de algum modo, viverão aventuras. Vocês aprovarão algumas, enquanto outras os farão passar noites em claro. Mas o que se pode fazer? Quando eles eram pequenos, podíamos satisfazer suas necessidades de aventura com uma simples mudança na rotina. Agora que eles já são adolescentes, as coisas ficaram mais complicadas. Não conheço pais que tenham encontrado uma solução definitiva para esse problema, a não ser rezar para que eles estejam em segurança.

Inclua uma porção de amigos

Quando nossos filhos passam para a sétima série, temos de pensar em mudar de casa para ter espaço para os amigos deles, pois a família deixa então de ser o centro da vida social. É quando fazem novos amigos e descobrem que os outros existem. Os pais não devem levar a coisa para o plano pessoal se a filha não quer mais sair com eles para fazer compras, uma vez que sua atitude não significa rejeição. "Minha mãe acha que eu não gosto mais dela só porque prefiro a companhia de minhas amigas." As amizades exigem esforço, despendem energia e os interesses dos adolescentes estão totalmente voltados para os amigos.

Heidi, uma garota de 13 anos, era uma "borboleta social". Certa vez ela chegou e disse à mãe: "Quero que toda a minha classe venha jantar aqui em casa". No início, Allison não viu a coisa com bons olhos e elas tiveram penosas discussões, mas acabou se dispondo a aceitar. Ela convidou um por um de seus 32 colegas de turma, inclusive uma professora. Chamavam aqueles eventos de "jantares entre amigos", cujos resultados positivos superaram a trabalheira extra. Heidi ajudava a preparar o jantar e a lavar a louça e Allison acabou se aproximando dos outros pais. Mesmo que seus filhos não sejam tão gregários quanto Heidi, vocês serão recompensados por não contrariar suas iniciativas de convívio com os colegas.

As meninas fazem amizade conversando umas com as outras — tagarelando, fofocando, confessando segredos, conversando e rindo. É sobretudo por isso que o telefone é tão importante para elas. A menina vai querer ter festas prolongadas para poder falar, falar e falar a noite inteira.

Os meninos gostam de fazer amigos realizando alguma atividade juntos e é por isso que os times esportivos e as atividades grupais atraem tanto o interesse deles. Se seu filho não se interessa por esportes, ajudem-no a encontrar uma atividade grupal — quem sabe jovens interessados em informática, em debates ou uma banda de música. Para fazer amigos, o menino precisa de uma atividade na qual possa encontrar e participar em conjunto com os meninos da sua idade pelo menos uma vez por semana.

É importante que os pais tenham em mente que o filho deseja ser popular e querido como pessoa. Portanto, se não quiserem piorar as coisas, é aconselhável que se abstenham de criticá-lo pela escolha de seus amigos.

Richard ficou espantado quando Seth, seu filho de 16 anos, trouxe para casa dois garotos de cabeças raspadas e brincos no nariz, mas conseguiu se conter. Em menos de dois meses, Seth entrou para o time dos briguentos com um dos meninos; o outro saltou fora. Tendo a chance, o adolescente acaba podendo escolher bem seus amigos. As relações de amizade mudam e evoluem — algumas duram, outras não.

Todos os pais de adolescentes sabem que se quiserem ver os filhos de vez em quando, tê-los por perto em casa, se querem que eles os acompanhem para ir ao cinema ou para jantar fora, e que passem juntos as férias, terão de convidar também os amigos deles. É a fase da vida em que "quanto mais, melhor".

Acolha os períodos depressivos

Com freqüência, os adolescentes sentem-se tristes, abatidos, deprimidos e desanimados. Assim como os adultos, eles também têm períodos sombrios. Mesmo que não digam nada, podemos ver que algo está acontecendo pela própria expressão facial, pela tristeza que transparece em seus olhos, pela disposição temperamental dela, ou pelo silêncio macambúzio dele. Se olharmos apenas superficialmente, poderemos não entender a importância desses períodos.

Todo mundo tem fases de depressão. Às vezes, de repente, e sem nenhum motivo aparente, como que surgidos do nada, eles nos atingem como se fossem ondas e ficamos tristes sem saber por quê. O mesmo acontece com os adolescentes, que são seres humanos muito sensíveis e vulneráveis ao que acontece ao seu redor. Eles não são apenas influenciados pelas mudanças hormonais, mas também bombardeados diariamente de todos os lados com mensagens que arrastam seus frágeis espíritos.

Quando passam da infância para a adolescência, entram mais em sintonia com o mundo à sua volta. Infelizmente, nem sempre esse mundo oferece uma visão harmoniosa. Eles começam a perceber o quanto o mundo é grande e o quanto a vida pode ser injusta. Confrontam-se com as realidades do crime, da desgraça, das atrocidades e do mal. Surgem as questões existenciais e eles se perguntam: *Quem sou? Para onde vou? E por quê?* Essas perguntas que eles se colocam refletem a necessidade espiritual que se manifesta neles: *Como posso fazer diferença? Como posso causar algum impacto sobre o mundo?* É um período de busca interior profunda e, às vezes, eles se sentem desesperados, desamparados e perdidos.

A puberdade não traz apenas alterações no corpo, mas também exige adaptações emocionais e psicológicas. E tanto as meninas quanto os meninos têm apreensões e ansiedades em relação às mudanças físicas pelas quais estão passando.

Quando chega a tristeza, a melhor coisa que você pode fazer para ajudar é tratar o filho com carinho e compaixão — dar-lhe um abraço, um tapinha nos ombros, e olhá-lo com ternura. Essa é uma das situações que você não pode resolver para ele. Não pode fazer a tristeza desaparecer com um papo estimulante, com um conselho ou com uma reafirmação do amor que sente por ele. É pelas atitudes e gestos afetuosos que o adolescente pode sentir que você está com ele espiritualmente para o que der e vier.

O simples amor de uma pessoa pode fazer diferença. "Quando eu ficava triste, meus pais endoidavam, então eu ia para a casa de minha avó", disse Angie. "Ela nunca me fazia perguntas como os meus pais, mas segurava minha mão."

"Quando meu melhor amigo se mudou para outro estado, fiquei tão perturbado que não conseguia nem falar. Minha mãe me levava para a praia, onde eu me sentava sobre um tronco de árvore e ficava chorando. Ela dizia que lamentava muito por eu estar me sentindo tão sozinho e me perguntava se podia me dar um abraço."

Todos nós temos períodos de tristeza. Não há nada de errado em ficarmos deprimidos por um ou dois dias ou até mesmo por uma semana, mas se esse sentimento se prolongar por mais tempo e chegar a afetar o sono, o apetite ou o rendimento escolar, não devemos deixar de procurar ajuda de um terapeuta.

Demonstre interesse verdadeiro sem assumir o controle

Perguntei a um grupo de estudantes de segundo grau que conselhos eles dariam aos pais. Eis o que responderam:

- Apóiem realmente seus filhos. Participem das atividades deles e se mostrem entusiasmados. Costumamos perceber quais as crianças que são apoiadas pelos pais e as que não. Faz uma grande diferença.
- O adolescente se sente isolado e desligado, anda por aí sozinho e desesperado quando seus pais não estão interessados no que ele faz.
- Os pais que participam das atividades conhecem as outras crianças e os pais delas. Quando as pessoas se conhecem, a escola torna-se uma comunidade que faz com que todos se sintam seguros.
- O adolescente quer que seus pais sejam participantes e espectadores, não que dirijam ou assumam o controle das atividades. Que estejam por dentro das músicas, dos estilos de penteado e de suas gírias, mas não que os adotem para si mesmos. Que conheçam a cultura deles sem se tornar parte dela. O adolescente quer que seus pais se comportem como adultos. Em outras palavras, que o pai ou a mãe não se comportem ou se vistam como se fossem um adolescente.

- Susie e Aimee não se importam de ensinar a suas mães descasadas a gíria usada para arranjar namorados, mas não querem absolutamente que suas mães adotem o estilo delas.
- Faz parte das regras de educação pedir permissão para participar das atividades dos filhos. O pai não deve pretender ser o treinador de futebol do filho sem que ele tenha concordado e não se meter a ajudar a filha no computador sem que ela tenha pedido.
- Que sejam sensíveis à linha que separa o apoio entusiástico do tomar conta. Quando os filhos sabem que são eles que determinam os limites, permitem que os pais se aproximem mais.

Eis um caso típico. Cindy perguntou a Derek: "Você quer que eu vá a seus jogos de beisebol?".

"Você pode ir aos jogos locais, mas não aos que são fora da cidade", ele respondeu.

"Você se importa se eu me dispuser a ajudar nos jogos?"

"Desde que fique fora. Não quero que você interfira nos resultados."

Mesmo sem saber os motivos que ele tinha para isso, Cindy respeitou os limites impostos pelo filho: "Mantendo-me a distância, ele permitiu que eu me envolvesse ainda mais. Na semana passada, ele me pediu para levá-lo de carro a seu último jogo fora da cidade".

Recomendo aos pais que perguntem a seus próprios filhos: "Você quer que eu vá?", "Gostaria de ajudar — o que eu poderia fazer?", "Que conselho você me dá?".

Se você nunca fez perguntas como essas a seu filho, provavelmente ele ficará desconfiado e talvez não responda imediatamente. Mas se você está sendo sincero e está disposto a seguir os conselhos dele, a participação sem o exercício do controle poderá fazer com que vocês se divirtam um bocado. O seu lugar é fora do campo, torcendo, não dividindo com ele o centro das atenções.

Encontre novos jeitos de estar junto deles

Se, além de educar, você também quiser desfrutar da companhia dos filhos adolescentes, terá de ser imaginativo, ousado e, até certo ponto, audaz. Precisa também ter habilidade para encontrar meios de desfrutar da companhia deles durante toda a semana — aproveitando os pequenos instantes de espontaneidade e aproximação sincera que a rotina do dia-a-dia permite.

Mike disse-me que seus melhores momentos na companhia de seus dois filhos adolescentes ocorriam quando ele lhes propunha: "Tenho algo para fazer, venham comigo", e eles acabavam numa exposição de cães ou numa feira de carros usados. Um dia, ele pediu a seus filhos que o ajudassem a montar algumas estantes para livros. Os meninos não apenas aprenderam a usar as ferramentas, mas também a trabalhar juntos. Era muito divertido vê-los serrando e pregando todos os sábados até terem montado duas estantes.

Jolene gosta de planejar surpresas para seus filhos de 13 e 14 anos. "Meus filhos gostam de surpresas e sentem-se estimulados quando faço algo fora do comum." Movida por impulsos repentinos, Jolene serviu café da manhã na cama, deu-lhes banho de espuma, serviu *banana split* no jantar e ensinou-lhes o prazer de fazer compras em bazares.

Um pai viaja duas horas de carro todos os domingos para visitar seus filhos gêmeos e fuçar com eles no seu sebo preferido. Os Madison, ao se referirem a seu filho Parker, disseram: "Até mais ou menos os 13 anos, ele ainda gostava de sair com a família. Aos 14, começou a resistir. Quando chegou aos 15 simplesmente isso não lhe interessava mais. Nós gostávamos de fazer passeios de carro, mas aos 16 anos ele não queria mais ir junto e não adiantava querer obrigá-lo. Por fim, aceitamos que se quiséssemos estar juntos como família teríamos de encontrar um outro meio".

É fato que os adolescentes não querem mais estar com os pais por tanto tempo ou da mesma maneira que costumavam quando eram menores. Os programas que eles gostavam de fazer juntos, como férias em família, tardes na praia ou jantar fora podem continuar sendo atraentes para os pais, mas é provável que eles tenham de encontrar novos atrativos para fazer com que os filhos participem.

Os pais podem encontrar novos meios de estar com os filhos fazendo, por exemplo, um curso juntos — qualquer coisa, desde culinária até fotografia. Ou alguma atividade física, como patinar, correr, lutar caratê, fazer ioga, ginástica ou natação. Os adolescentes gostam de excitação, portanto, a atividade tem de ser algo que mexa com eles. Os pais têm de encontrar alguma novidade, seja nas férias de uma semana ou numa simples saída de meio dia.

E não esqueçam de tornar a vida doméstica divertida, fazendo algo inesperado, como colocar música para tocar e convidá-los para dançar. Ignorem se eles parecerem abobalhados e continuem dançando.

Comemore os momentos marcantes

No Bali, o rito de passagem da infância para a vida adulta é uma cerimônia de emparelhamento dos dentes. A comunidade assiste ao perfeito emparelhamento dos dentes da frente de cada adolescente. Todo mundo aguarda ansiosamente aquele evento: é uma grande festa, os parentes vestem suas melhores roupas e a comida é abundante. É um momento decisivo porque o adolescente é homenageado na sua passagem para a vida adulta.

Nos Estados Unidos, dentre os momentos decisivos temos a obtenção da licença para dirigir e ir ao *prom* (vesperal dançante ou baile oferecido por um colégio aos estudantes). O *prom* não é apenas um baile de estudantes, mas também um símbolo da passagem para a vida adulta — uma data marcante —, quando o adolescente se comporta como adulto vestindo um *smoking*, convidando uma garota para jantar, pagando a conta, dirigindo o carro e ficando fora até tarde da noite.

Reconhecer essas passagens e eventos especiais é gratificante e divertido para todos. É uma forma de unir a família e perpetuar a tradição. Quando Sally entrou para a faculdade, os pais dela — para marcar o dia — escreveram um poema divertido e colocaram-no em sua agenda. Quando Kelly tirou o aparelho dos dentes, os Holland telefonaram para a avó, comunicando o fato e fazendo comentários.

Faz parte da tradição da família Becker dar uma "bela festa" a cada filho que faz 16 anos. Todo o clã comparece para homenagear o aniversariante; é uma bela reunião em que os membros da família trocam lembranças e contam piadas engraçadas sobre o homenageado. (Por sinal, essa é realmente uma "bela" idade. Os jovens de 16 anos são mais equilibrados, mais compreensivos e menos volúveis do que quando tinham entre 13 e 15 anos de idade, além de serem mais amáveis e comunicativos.)

Transmitir a história familiar é importante quando se encontra um meio de fazê-lo sem entediar os filhos. Denise homenageou seus dois filhos e seus sete sobrinhos adolescentes presenteando-os com um álbum de fotografias da família e uma coletânea de lembranças e histórias prediletas. Tina monta livros de culinária com receitas da família acompanhadas de suas respectivas histórias — incluindo a famosa torta de creme de amendoim que vovô adora — e oferece-lhes como presentes de formatura.

Lembre-se de festejar também as pequenas datas: flores pela apresentação na escola, um CD pela promoção no escritório, um jantar especial pela conclusão do relatório semestral e pela aprovação nos exames. Os Shimada oferecem torta de sorvete toda vez que um de seus filhos faz um grande esforço: "Independentemente dos resultados, comemoramos o esforço".

Não esqueça também de comemorar as suas datas. Se for o caso, comunique: "Meu aniversário está aí", "Domingo é o Dia dos Pais: vamos ao cinema?". Se eles esquecerem, tudo bem, relembre-os com alegria.

Cultive as tradições familiares

Pela atitude de indiferença dos filhos, talvez vocês cheguem a pensar que eles não se interessam mais pelas tradições da família, mas não se deixem enganar pelas aparências. As celebrações e os rituais fortalecem o vínculo familiar. O simples fato de eles parecerem desinteressados não é nenhum motivo para deixar de celebrar datas importantes. Essas são justamente ocasiões para os adolescentes saberem mais sobre suas famílias e participarem de suas memórias. Envoltos por esse sentimento de continuidade, eles fortalecem o vínculo com os pais.

Desde o primeiro aniversário de Scott, Patricia sempre achou muito importante comemorá-los, fazendo um bolo especial. Quando ele fez 16 anos, ela achou que um bolo feito em casa seria constrangedor para ele e, por isso, comprou um na confeitaria. Scott mostrou-se indignado quando ela serviu o bolo e reclamou: "O que foi feito daqueles meus bolos de aniversário de formas curiosas?". Ela entendeu o recado e já no dia seguinte serviu-lhe um bolo verde em forma de jipe, que era seu modelo preferido de carro. Ela podia jurar que ele estava satisfeito quando disse: "Este é o melhor de todos os que você já fez!", e perguntou: "O que você vai fazer no próximo ano?".

As tradições familiares são oportunidades para a família se reunir e lembrar que forma uma unidade especial, que aquele é seu clã ou sua tribo. Quando as pessoas tiram tempo de suas vidas atribuladas para se homenagear, elas estão transmitindo a mensagem: *Somos felizes por constituirmos uma família.*

As tradições familiares que são cumpridas apenas por obrigação não contribuem muito para uni-la; por isso, devemos evitar seguir rigorosamente os mesmos velhos métodos e sermos flexíveis. Quando seus filhos se mostram sem entusiasmo para participar, experimentem um jeito novo ou introduzam alguma novidade.

Os O'Neal orgulhavam-se do cartão com a foto deles que enviavam em todas as datas importantes e ficaram intrigados quando a filha Liza, de 14 anos, não quis mais ser incluída. A briga continuou: os pais insistindo para que Liza participasse como sempre e ela recusando-se, alegando que a foto era "ridícula". Como nada era capaz de fazê-la mudar de idéia, seu irmão de 17 anos sugeriu que tirassem uma foto no parque. Subitamente, Liza concordou e, em lugar de retrato formal da família feita num estúdio, os O'Neal tiraram uma foto nos balanços do parque. E no ano seguinte, subindo em uma árvore. Uma nova versão da antiga tradição familiar.

A cooperação aumenta quando se dá uma renovada nas velhas e gastas tradições. Peça sugestões a seus filhos: "Como vocês acham que devemos celebrar o *Hanukkah* este ano? Vocês acham que é importante termos peru no Dia de Ação de Graças?". Uma inovada pode reavivar as coisas. Por exemplo, os Laing queriam o mesmo peru no jantar, mas não o mesmo jantar formal e, por isso, convidaram os vizinhos e os amigos e serviram-no em forma de buffet. Com a presença de outras pessoas, a comemoração ficou mais interessante e menos trabalhosa. Mantendo as tradições importantes com flexibilidade, é mais provável que seus filhos, quando adultos, as passem adiante para seus netos, e isso por si só já é motivo de comemoração!

Acostume-se com a música barulhenta

Os adolescentes gostam de música, de preferência extremamente barulhenta e estridente. Tenho certeza de que quando adolescente você também gostava, mas é exatamente aí que acabam as semelhanças e começam os conflitos de geração. Qualquer que seja a nossa idade, sabemos que nosso filho tornou-se adolescente quando as letras das músicas que ele costuma ouvir soam grosseiras e o som é estridente. Nos anos 50, os pais ficavam chocados diante do rebolado de Elvis Presley. Os Beatles causaram furor entre os adolescentes que queriam deixar crescer os cabelos e os pais proibiam. Lembro-me de minha avó reclamando que as músicas que eu ouvia feria seus ouvidos e quando me vi fazendo a mesma queixa contra o barulho ensurdecedor das músicas ouvidas por Amanda, constatei subitamente que fazia parte da velha geração.

Atualmente, a garotada não apenas ouve música, mas também adora videoclipes. Ao fazer uma assinatura de televisão a cabo, Rob descobriu que seu filho de 14 anos, Andy, era fascinado por vídeos musicais. Depois de assisti-los por um tempo, Rob descobriu por que eles o fascinavam tanto, mas ficou preocupado com o nível de violência e de alusão sexual que continham. Ele se sentiu constrangido, mas decidiu dizer algo a Andy: "Essas cenas que você está vendo são extremamente fortes". Ao que ele respondeu: "É, algumas delas são realmente grosseiras". Em algumas semanas, Andy já tinha se desinteressado pelos videoclipes. Rob perguntou por que e ele respondeu: "É sempre a mesma coisa. Enche o saco".

Essa música que não nos agrada veio para ficar, de maneira que é melhor irmos pensando em como lidar com o problema. Que cada um faça o que lhe parecer certo. Por exemplo, mesmo sabendo que seus filhos assistem aos videoclipes, os Kramers me disseram: "Decidimos não deixá-los entrar em nossa casa. Os meninos podem ouvir as músicas, mas assistir aos videoclipes já é demais".

Os adolescentes gostam de ouvir música no último volume, 24 horas por dia se os pais não estiverem por perto. Margaret, mãe de Jeff, um rapaz de 21 anos, contou-me que costumava berrar: "Abaixe o som!". Mas agora que ele divide um apartamento com amigos, ela sente falta da música estridente quando chega em casa, do piso e das paredes tremendo e, especialmente, a falta dele.

Os adolescentes adoram ouvir música, e um estudo concluiu que fazer o dever de casa ouvindo Mozart ajuda a aumentar a concentração. Existe até uma escola em Seattle que toca Mozart nas salas de aulas, especialmente nas de matemática. Jeremy e seus colegas de 14 anos criaram uma banda de rock e costumam ensaiar na garagem. "A música soa horrorosa", admitem os pais, "mas estamos felizes por, pelo menos, sabermos que eles estão aqui." Mike e sua filha Shannon partilhavam da paixão por Bach. Ela chegou a escrever um ensaio sobre a relação entre os pais e a música.

É uma questão de cooperação, e precisamos saber lidar com ela. Alguns pais compram fones de ouvido para os filhos, outros deixam-nos estourar os tímpanos quando não estão por perto, e outros ainda deixam que os filhos ouçam suas músicas desde que diminuam o volume do aparelho de som. É um problema para você resolver junto com seus filhos.

Permita que eles tenham muita privacidade

Os adolescentes precisam ter muita privacidade para poder se desenvolver como indivíduos e precisam manter distância dos pais, tanto física quanto emocional. Os pais podem se sentir frustrados se não entendem quanto isso é importante.

Alguns se perguntam: "Que diabos está acontecendo por trás daquela porta?". Como aconteceu com Lynne, mãe de um adolescente de 15 anos: "O que ele está fazendo em seu quarto o fim de semana inteiro? Ele não deveria estar com a família?". Mesmo sabendo que não devem entrar no quarto deles sem bater, muitas vezes a necessidade de saber o que está acontecendo faz os pais perderem o controle.

Atrás daquelas portas fechadas, os adolescentes estão ouvindo música, falando ao telefone, olhando para as paredes, lendo livros ou revistas, explorando o corpo, olhando-se no espelho, devaneando ou escrevendo em seus diários.

Escrever no diário é falar consigo mesmo, um meio de expressar sentimentos e idéias. É um modo pelo qual os adolescentes elaboram as coisas, e é um bom meio de resolver problemas. É um exercício privado de autoconhecimento. E que não é da conta do pais!

Amy contou a um grupo de pais o que descobriu quando abriu a gaveta da escrivaninha de sua filha de 14 anos, Allison, e leu seu diário. "Não sei por que fiz isso. Suponho que pensei que tinha o direito — afinal, eu a conhecia tão bem. Tinha trocado suas fraldas, tínhamos tanta coisa em comum, éramos tão íntimas, que não suportava a idéia de ela ter algum segredo que não compartilhava comigo. Li quase todo o diário, página por página, seus pensamentos e sentimentos íntimos. A descrição de Allison do seu primeiro beijo, seus sentimentos para com os garotos, suas preocupações, suas conquistas. Quando li o que ela havia escrito sobre mim: 'Às vezes sou rude com mamãe. Não é minha intenção, mas não consigo deixar de ser assim', compreendi que não tinha nada que me meter a lê-lo.

"Não sei o que estava procurando, pois na realidade nada me surpreendeu. Tudo era muito inocente, normal, natural. Senti-me envergonhada. Estava invadindo a privacidade de minha filha e sabia que tinha violado uma confiança sagrada, ainda que tácita. Coloquei com cuidado tudo de volta na gaveta e ela nunca ficou sabendo, mas eu sei. Procuro compensá-la, agora, tratando-a da maneira que ela merece."

Apesar de poder ser um pouco traumático e de exigir adaptação por parte dos pais, é natural que o adolescente passe algum tempo sozinho em seu quarto. Ele tem seus segredos e seus pensamentos secretos. Esconde dos pais coisas que compartilha de bom grado com os amigos. Se você lhe fizer muitas perguntas, provavelmente terá como resposta: "Não é da sua conta", e ele tem razão. Você não tem nada que se intrometer, ficar mexendo em suas coisas ou ouvindo às escondidas. Restrinja-se a cuidar do que é seu — intrometer-se na vida dos filhos só pode piorar as coisas.

Evite constrangê-los

Parece ser uma lei da adolescência que no instante em que os filhos entram na puberdade, os pais fazem algo para constrangê-los. Talvez por causa de todas as transformações físicas que estão ocorrendo, eles fiquem mais vulneráveis. Podemos ter a certeza de que os deixamos constrangidos pelo jeito com que eles reviram os olhos e suspiram. Às vezes eles chegam a dar instruções claras e determinantes: "Mãe, não faça isso!". Ou um olhar que diz: *Você está me humilhando!* Ao receber uma mensagem assim direta, é importante levar em consideração os sentimentos deles e tentar entender o que estão querendo dizer antes de continuar. A suscetibilidade deles já é suficiente sem a sua contribuição.

"Comportar-se em público" pode, entretanto, ser complicado para os pais. Eles não têm a intenção de constranger seus filhos e, na realidade, se esforçam para seguir as regras tácitas do protocolo dos pais. Procuram dizer as coisas certas, vestir roupas aceitáveis, permanecer em segundo plano e deixar que eles dirijam o espetáculo. Mesmo com toda a consideração por parte dos pais, há ocasiões em que acham que estão se comportando adequadamente e fazem o que para eles é um comentário sensato e o resultado é mortalmente humilhante para os filhos.

Perguntei a alguns adolescentes: "O que os pais de vocês fazem que os deixam constrangidos?". Eis uma lista parcial das respostas que deram: Falar alto em público, fazer perguntas inconvenientes a estranhos, ficar impacientes com garçons ou vendedores, perguntar a meus amigos sobre seus pais, reclamar da comida quando saímos para jantar, embriagar-se e fazer um grande estardalhaço por nada.

Uma regra simples e prática é a seguinte: O que vale para o contexto privado não vale para o público. Ellen declara: "Eu e meu filho temos um entendimento: não vou constrangê-lo em público, deixo que ele dirija as coisas até onde elas sejam aceitáveis para mim, em palavras e atos. Em casa, posso continuar chamando-o pelo apelido carinhoso e fazer-lhe cócegas".

Essa é uma atitude equilibrada, uma vez que os pais também precisam ser eles mesmos. Dave é um cara jovial, que brinca e faz provocações com seus filhos; esse é o jeito de ele se divertir. Ele veste sua camisa horrorosa de caubói para abrir a porta e dizer a suas filhas: "Não me incomodem e eu não as incomodarei". Provocar é uma questão delicada. Se todo mundo aceita, ótimo, mas se magoa alguém, é cruel. Se o seu modo de provocar constrange ou magoa seu filho adolescente, se ele pede para não fazer, procure não contrariá-lo se não quiser que ele perca a confiança que tem em você.

É claro que nem sempre é possível deixar de causar constrangimentos a nossos filhos, mas nunca devemos causá-los intencionalmente. Devemos ter consideração para com eles, tratá-los educadamente e com boas maneiras, e nunca humilhá-los ou envergonhá-los. Algum dia, o que fazemos não será mais motivo de constrangimento para eles, mas por enquanto temos de ser muito sensíveis.

Crie um vínculo de camaradagem

Quando seu filho era pequeno, você sabia mais claramente qual era o seu papel. Mas agora que ele já é adolescente, você muitas vezes fica atrapalhado ao tentar definir uma nova relação com ele. Em geral, procuramos encontrar um meio-termo entre a clássica autoridade familiar e uma versão sutil de amizade que não ultrapasse os limites do relacionamento entre pais e filhos. Ambas as partes precisam saber que não é um relacionamento de amigos.

Adrian, um jovem de 15 anos, disse muito bem: "Posso contar tudo para minha mãe e confio a ela meus sentimentos. Temos uma ótima relação, mas não a considero uma relação de amizade. Ela não me fala sobre a vida dela da mesma forma que eu lhe falo sobre a minha. Tem coisas sobre as quais ela não me fala, não conta tudo para mim. É melhor que ela converse sobre essas coisas com suas amigas".

Não é conveniente que nossos filhos saibam todos os detalhes de nossa vida — existem problemas que são pesados demais para sobrecarregá-los. Elliot, 14 anos, disse que detestava ser confidente de seus pais divorciados. Kim disse que não queria saber dos romances de sua mãe. Joshua, 17 anos, acha que os filhos não precisam saber das brigas dos pais. Ele acha que se os pais têm problemas, devem discuti-los com seus próprios amigos, não com os filhos.

A amizade é uma relação baseada na confiança e nos interesses comuns. Mesmo que você tenha muitas coisas em comum com sua filha, mesmo assim a relação entre mãe e filha é diferente. Como mulheres, demos à luz, criamos, demos carinho, somos suas guardiãs e protetoras. Isso faz com que a relação seja mais do que entre amigas — afinal, você é sempre a mãe e ela sempre será sua filha.

O aspecto positivo é que apesar de a relação entre pais e filhos não ser propriamente de amizade, podemos ter atitudes amigáveis uns para com os outros. Ser amigável é uma qualidade, um jeito de se relacionar. Pais e filhos são aliados — têm um vínculo permanente, lutam pelas mesmas coisas, têm as mesmas conquistas. Se o coração dos filhos é magoado, o do pais também é.

Podemos criar um vínculo de camaradagem com pequenas coisas do dia-a-dia, como dizer "olá" quando os filhos chegam em casa, fazer gracejos amigáveis durante o café da manhã, discutir alguma informação, conversar sobre o dia deles ou apoiar seus interesses. Tim, um garoto de 15 anos, adora montar computadores e, para ajudá-lo, seu pai recolhe monitores e teclados usados e os leva para ele. Quando Morgan, de 14 anos, esteve doente e acamada por uma semana, a mãe dela colocou um vaso de flores no seu quarto para alegrá-la. Ao fazermos algo agradável para nosso filho adolescente demonstramos que estamos pensando nele e que nos importamos com ele. Com essas atitudes, estaremos fortalecendo os sentimentos de compatibilidade, de entendimento e de interesse — base para a harmonia, a equanimidade, a cooperação e o trabalho em equipe. Sendo amigáveis com nossos filhos seremos recompensados com a amizade deles.

Estimule-o a descarregar o excesso de energia

É normal que os adolescentes fiquem à toa de vez em quando, pois eles precisam "vegetar" um pouco. Afinal, crescer despende muito esforço, e as mudanças de humor consomem grandes quantidades de energia física e emocional. Ficar olhando para o céu ou quarando ao sol pode ser uma boa maneira de recuperá-las, mas não deve se tornar um modo de vida. O adolescente que fica deitado no sofá dia após dia está aborrecido ou, talvez, deprimido e precisando muito de atividades para gastar suas energias. Orientar nossos filhos adolescentes para que aprendam a equilibrar trabalho e lazer, atividade e enlevamento, é outro desafio que temos de enfrentar. O segredo está em saber quando intervir.

Embora o tempo livre seja necessário para os adolescentes, é importante que saibam equilibrar a inatividade com atividades vigorosas como esportes, projetos criativos e algum tipo de trabalho tradicional. Ter excesso do que fazer leva a um desgaste prematuro nos adolescentes; por outro lado, ficar à toa os torna preguiçosos, letárgicos e apáticos.

Durante o tempo de colégio, quando terminava o ano letivo, Kelly dormia até depois do meio-dia durante as férias de verão. Apesar de sentir-se tentada, Pam não dizia nada porque achava que Kelly precisava se recuperar, mas ficava preocupada: "Aquilo viraria hábito?", "Seria ela uma preguiçosa?". Mas aquela situação não durou muito tempo. Depois de ter dormido algumas semanas, Kelly encontrou um trabalho de verão como salva-vidas.

Martin e Cecila ficaram apreensivos quando viram que seu filho Jon, de 17 anos, não mostrava nenhuma motivação para encontrar um trabalho de verão. Martin disse: "Ele deu tanto duro durante o ano escolar que eu achei que poderia ser melhor não ter um compromisso com horários rigorosos". E Cecila disse: "Eu não tinha certeza disso, mas concordei desde que ele não ficasse estirado em qualquer lugar da casa". Naquele verão, Jon foi acampar e fez alguns trabalhos para os vizinhos. Martin e Cecila acharam que as coisas acabaram se resolvendo porque Jon estava ansioso para voltar à escola e conseguir um trabalho no verão seguinte.

Muitos adolescentes se aborrecem quando têm muito tempo sem ter nada para fazer. Romona, de 14 anos, passou todo um verão assistindo às telenovelas. Quando Linda reclamava ou sugeria alguma atividade, Romona ficava tão irada que Linda recuava. Em seguida, ela passou a sair com uma turma, voltando tarde da noite e dormindo quase o dia inteiro. Rory, 13 anos, andava tão entediado que ficava vagabundeando pelo parque, fumando o dia inteiro. Quando o avô dele, Roger, descobriu, colocou Rory para limpar a garagem. Depois Roger lhe fez uma proposta de atividades para o verão: Rory escolheu uma pista de patinação durante o dia, aulas de percussão e lavar os carros da família.

Forçar um adolescente a fazer algo que ele não quer raramente funciona, mas eles costumam reagir bem à proposta de escolhas. Amber concordou em organizar o álbum de fotografias da família durante as férias de verão. À tarde, ela jogava tênis e à noite saía com os amigos.

Quando propomos um projeto para que os adolescentes nos ajudem, estamos instilando neles um sentimento de orgulho e de realização. Quando os estimulamos para atividades que ajudam a relaxar, estamos fazendo com que se interessem pela vida.

Ajude-o a encontrar um caminho profissional

No dia das profissões, quando Amanda estava no segundo ano colegial, uma professora lhe perguntou que carreira ela gostaria de seguir. Amanda respondeu: "Quero ser antropóloga cultural". Mas a professora contestou: "Não é possível, não existe trabalho para antropólogos culturais". Amanda chegou em casa apavorada, contando-me o que a professora tinha dito. Discutimos o assunto e concluímos que, apesar de sua boa intenção, a professora se mostrara limitada por suas próprias idéias autoderrotistas. Preferimos pensar em termos de possibilidade para termos nossos sonhos realizados. Quem sabe Amanda venha a se tornar uma antropóloga cultural criando ela mesma seu cam-po de trabalho. Quem sabe o que é possível?

Às vezes, colocamos limitações para nossos filhos com frases como esta: "Isso não é possível", quando seria mais estimulante dizermos: "Talvez seja possível". Se dizemos sempre a um adolescente que ele não pode fazer isto ou aquilo, ele acabará perdendo a motivação e assumindo a derrota antes mesmo de ter começado a lutar. Seria mais sensato dizer: "Eu acho que você pode" ou "Talvez você possa".

Devemos encorajar nossos filhos adolescentes a descobrir o que eles gostam de fazer e estimulá-los. O sucesso que ocorre de repente é um mito. Existem pequenos passos, que conduzem ao "sucesso repentino", que ninguém consegue ver. Um passo leva a outro e o caminho é cheio de curvas e desvios. Podemos não saber para onde estamos indo e nunca chegarmos ao lugar pretendido, mas normalmente atingimos um lugar melhor do que imaginávamos. Uma coisa leva a outra e uma oportunidade aproveitada traz outra.

Os adolescentes se fortalecem quando conseguem identificar seus talentos e usá-los diligentemente. Algumas pessoas só conseguem descobrir seus talentos e usá-los na meia-idade, ou até mais tarde, mas isso não quer dizer que elas não têm talentos. Conhecemos adultos que não gostam realmente do que fazem, e isso aconteceu porque nunca foram estimulados a descobrir seus verdadeiros talentos ou porque acharam que, seguindo a carreira dos pais, lhes agradariam.

Aprender a seguir os próprios talentos e dons, fazer aquilo de que realmente se gosta, perseguir os próprios sonhos é mais gratificante do que fazer o que os outros acham que é melhor. É aconselhável dizer aos filhos: "Com um pouco de talento e muito esforço para realizar o que você realmente deseja, com certeza você alcançará o sucesso". Quando você faz o que acha que *deve*, só consegue ser médio ou medíocre.

O que os seus filhos gostam de fazer? Quando você os ajuda a visualizar seus sonhos, eles enxergam além dos modos convencionais de fazer as coisas. Estimulando-os, você permite que realizem seus verdadeiros dons naturais. Devemos ajudá-los a sonhar *alto*.

Respeite a natureza livre e selvagem do adolescente

Se você já observou alguma vez a expressão das pessoas na fila de um parque de diversões, sabe que os adolescentes apreciam tudo que causa exaltação, barulho e pancadaria. É natural que queiram excitação e fortes emoções. Como os cavalos de corrida nos portões de largada, eles estão prontos para correr. Tenho certeza de que vocês já notaram como os cavalos de corrida e os adolescentes ficam impacientes quando são mantidos presos por muito tempo. Os adolescentes precisam se soltar e soltar seus demônios.

Se quando jovens os pais não tiveram permissão para fazer suas diabruras, talvez sintam inveja do entusiasmo dos filhos, do brilho que têm nos olhos e da agilidade dos seus saltos. Há adultos que tentam moldar o temperamento dos adolescentes. Eles não gostam do jeito lépido com que andam nem das diabruras que fazem. Isso porque, como filosofou uma garota de 16 anos, Jeanine, "Talvez eles tenham sido 'crianças bem-comportadas' que não puderam fazer suas travessuras. Ou sabem que foram 'crianças más' e não querem que os filhos sejam como eles foram". Parker, 14 anos, acha que é porque "os pais querem que os outros pais achem que seus próprios filhos são perfeitos".

É verdade que alguns adultos preferem que seus filhos sejam anjinhos. Insistindo só no bom comportamento esses pais negam e reprimem o lado obscuro dos filhos, a sombra que se esconde em todos nós e dá profundidade de caráter e equilíbrio a nossas vidas.

A liberdade de ter espontaneidade ajuda a menina a se conhecer. Ela está apenas manifestando sua inclinação natural, um ímpeto que vem de dentro. Os meninos barulhentos e metidos a valentões estão apenas expressando sua agressividade, liberando suas energias reprimidas. Essas manifestações não são prejudiciais, mas deixam os adultos irritados. Brincadeiras descontraídas, agitação, gargalhadas, palavras que chocam e escandalizam são outras formas espontâneas de expressão.

Existem pais que acham que ser *espontâneo* e *livre* é destrutivo, o que não é necessariamente verdadeiro. O comportamento das crianças que são destrutivas deve-se provavelmente a outros fatores. Os adolescentes fazem travessuras, mas raramente causam mais danos do que o papel higiênico molhado colocado sobre as árvores.

Os especialistas em desenvolvimento infantil dizem que esse estágio "selvagem e louco" é importante porque ajuda o adolescente a resolver seus conflitos internos sobre o bem e o mal. No final, o bem vence, mas ele precisa chegar por si mesmo a essa conclusão. Ele não tem de ser manipulado para o bem porque essa é a vontade dos pais, mas porque ele próprio o escolheu. Agindo conforme seus impulsos, ele aprende a dominá-los. Portanto, devemos deixá-lo ser insolente e espontâneo. É a chance de ele resolver isso antes de se tornar adulto.

Os adolescentes têm muita necessidade de diversão — do contrário, como poderiam se acomodar, assumir responsabilidades de adultos e dedicar-se às carreiras que escolheram? As pessoas que não fizeram suas diabruras tornam-se amargas, ressentidas e envelhecem antes do tempo. Outras, mais sábias, me disseram: "Adultos que não tiveram oportunidade de dar vazão à sua energia ou expressar seu lado selvagem, quando adolescentes, têm crises na meia-idade e compram carros esporte vermelhos".

Deixe a lenha da fogueira queimar até o fim

Os pais costumam ficar cansados e eu acho que sei por quê. Com a chegada de um filho, eles têm seu padrão natural de sono perturbado, no mínimo pelos próximos 19 anos.

Você que é mãe lembra-se de quando seu filho, hoje adolescente, era um lindo bebê, que acordava com fome quando o dia nem bem tinha amanhecido? Você achava que nunca mais ia poder dormir até tarde e ansiava poder ficar só mais uma hora na cama. Lembra-se de quando queria ir dormir mais cedo para poder dar conta dos afazeres e ter um tempinho para si mesma? Tudo o que você queria era um pouco de paz e tranqüilidade para relaxar, ler ou conversar com o marido. E, por isso, você criou uma rotina. Justamente quando conquistou esse direito, de repente seu filho virou adolescente e você constatou que não vai poder continuar dormindo suas oito horas inteiras.

Agora sua filha fica fora até tarde e você não consegue dormir enquanto ela não chega em casa sã e salva. Você pede que ela volte cedo porque se preocupa, e ela a olha como se você fosse louca e lhe diz: "Eu vou estar bem; vá dormir". E você fica se revirando na cama enquanto tenta se lembrar o que há de tão interessante para ficar fora até tarde.

Durante muitos anos, Rudy gostou de ficar acordado até a meia-noite, mas agora, com 15 anos, ele prefere ficar com os amigos até às duas da madrugada nos fins de semana. A mãe dele diz: "Eu preferiria que ele ficasse acordado em casa do que na rua. Tudo bem, desde que eu saiba onde ele está. Eles não fazem nada de anormal — só ficam jogando pingue-pongue e espalhando pipoca pelo chão".

Quando Todd reclamou que o horário determinado para ele chegar em casa era cedo demais, Jean e George perguntaram-lhe o que ele sugeria. Ele mesmo queria determinar sua hora de voltar para casa. Eles concordaram, com a condição de que ele os informasse onde estava e a que horas voltaria. Desta forma, sabiam quando podiam ir dormir.

Eu nunca impus nenhum horário para Amanda voltar para casa. Nosso trato é que, se ficar fora até tarde, ela me telefone à meia-noite e, de novo, na hora em que estiver saindo para que eu saiba a que horas ela vai chegar.

Ninguém sabe com certeza por que os adolescentes gostam de ficar por aí até tarde da noite, mas que eles gostam, ah!, gostam. Talvez seja para eles um símbolo de liberdade e privilégio. É muito provável que seus filhos façam o mesmo que Todd e Amanda — passem por um período em que ficam fora até cada vez mais tarde, até que a coisa deixe de ser novidade e comece a cansá-los. Então, eles começam a voltar mais cedo para casa e ir para a cama.

Divida o carro da família

Você se lembra dos velhos bons tempos em que a sua maior preocupação era que sua linda filhinha saísse correndo para a rua e fosse atropelada? Ela era pequena o suficiente para deixar-se tomar pela mão e ser advertida a olhar para ambos os lados. Ela aprendeu a atravessar a rua, mas você continuou achando que ela não seria capaz de prestar a atenção necessária. Lembra-se de quando seu filho de nove anos começou a andar de bicicleta e a participar de corridas? Você insistia para que ele usasse capacete e ele o usava, mas às vezes o esquecia. Lembra-se do alívio que você sentia cada vez que ele voltava para casa são e salvo?

Talvez o fato de ter sobrevivido àquele período é que o tenha preparado para suportar o terror que viria a seguir, deixando que ele saísse dirigindo o carro pela primeira vez.

Dirigir um carro é algo muito importante — afinal, vivemos numa sociedade que vê no carro um símbolo de ser adulto bem-sucedido. Sobre quatro rodas, nosso filho adolescente torna-se móvel e pode andar por aí sem depender da gente, o que também nos traz um alívio por não termos mais de ser motoristas dele.

Cada um lida com o "problema carro" de maneira diferente. Alguns dão aos filhos um carro próprio quando eles completam 18 anos, enquanto outros deixam que se virem por si mesmos. Existem pais que pagam o seguro; outros, os deixam usar o carro da família. Não existe um único jeito de fazer as coisas, mas, se não tomarmos cuidado, "o carro" pode virar outro motivo de brigas. Greg disse: "Meu pai usa o carro que me deu, para me controlar; se não faço exatamente como ele quer, ameaça tirá-lo de mim". E Molly acrescentou: "As únicas brigas que tenho com meu pai são por causa do carro".

Embora, às vezes, tirar-lhe o direito de usar o carro possa ser o único meio que temos para controlar um adolescente, é preferível estabelecer uma relação na qual possamos discutir os problemas em vez de recorrer a ameaças. No entanto, há ocasiões em que o confisco das chaves funciona.

"Tentamos estabelecer com Max um horário razoável para ele voltar para casa, mas ele não estava cooperando, de modo que cansamos e não lhe entregamos as chaves do carro por uma semana. Depois de ter de pegar carona com os amigos, deve ter entendido que falávamos a sério, porque, a partir daí, não tivemos mais problemas", disse uma mãe aliviada.

O privilégio de obter permissão para dirigir o carro pode ser uma forte motivação para o adolescente que não esteja assumindo suas responsabilidades. Por isso, é importante que os pais coloquem claramente quais são suas expectativas e quais serão as recompensas do filho.

Então, ensinem os seus filhos a dirigir. Saiam de carro com eles e deixem-nos experimentar; quando levarem um susto mortal, lembrem-se de que algum dia terão de crescer. Logo os papéis se inverterão e eles estarão *lhes* dizendo como dirigir e que têm medo de andar com *vocês*. Rosie, uma garota de 14 anos, disse: "O maior problema que tenho é quando mamãe bate com os pés no piso como se estivesse pisando no freio ou quando ela se firma no braço do assento quando faço a curva. Não sei por que ela faz isso, pois eu dirijo melhor do que ela".

Não é uma loucura? Você dirige há vinte anos e ele há vinte dias e já está querendo lhe ensinar. Pelo menos, você não tem mais de ser motorista.

Descubra modos saudáveis de excitação

Hoje fala-se muito nas ameaças que o uso de drogas e álcool representam para nossos filhos adolescentes. De fato, essa é uma preocupação que diz respeito a todos nós. As manchetes dos jornais alardeiam que o consumo de maconha entre os adolescentes duplicou na última década. Tanto os pais quanto as comunidades estão procurando descobrir o que fazer. Temos de encarar a verdade: declarar guerra contra as drogas e "simplesmente dizer não" a elas não conseguiram resolver o problema. Como pais interessados, temos de parar e nos perguntar se estamos enfrentando os problemas subjacentes.

Por que nossos filhos recorrem às drogas e ao álcool? Será que nós mesmos não o fazemos? Marisa, uma menina de 14 anos, se embriaga nos fins de semana. Ela não acha que isso seja um problema, porque, como ela diz, "meus pais bebem todos os dias". Jon, pai de dois filhos adolescentes, fuma maconha desde quando tinha vinte anos, mas diz: "Meus filhos não sabem". No caso das drogas, é também o *comportamento* dos pais que os filhos estão seguindo, não suas preleções.

Por que adolescentes e adultos desejam se excitar? Os adultos que usam drogas regularmente estão procurando lidar com sentimentos que os incomodam, e os adolescentes com dificuldades estão tentando extravasar sentimentos que não entendem.

O fato de o adolescente experimentar drogas não quer dizer necessariamente que ele vai ficar viciado, e o fato de ele fumar maconha na adolescência não significa que ele vá fumar como adulto, mas é um risco.

A ciência demonstrou que há algo em nosso cérebro que anseia pelo estado de excitação, mas este não precisa ser induzido por drogas. É preferível que pais e filhos encontrem meios mais saudáveis para satisfazer essa necessidade. Algumas das experiências mais excitantes são dormir sob as estrelas, caminhar na floresta, sentar-se no pico de uma montanha, atravessar um rio ou deixar-se levar por uma correnteza. Há quem se sinta totalmente à vontade na natureza, ouvindo os pássaros cantar. Na natureza, ninguém consegue ficar encucando: pensamentos e preocupações se desvanecem com a inspiração de ar puro. Tudo ali está em harmonia. Esse é um meio natural de se extasiar.

Quem já cantou alguma vez em volta de uma fogueira sabe muito bem o que é sentir o êxtase percorrendo as veias por experimentar a integração com a totalidade. Quem já comeu cachorro-quente com salsicha assada na brasa conhece o êxtase de viver com simplicidade. Mandem seu filho para uma colônia de férias ou deixem-no ir acampar com sua turma. Levei Amanda para Bali para que ela se impregnasse de outra cultura e abrisse os olhos para outras coisas — para a amplitude do mundo. Ela diz que foi "o máximo". Quando damos a nossos filhos a oportunidade de conhecer outras pessoas, além dos vizinhos mais próximos, estamos lhes dando a possibilidade de experimentar uma expansão mental que nenhuma droga é capaz de lhes proporcionar.

A melhor maneira de se manter naturalmente em estado de excitação é estar bem consigo mesmo. Os especialistas dizem que uma boa auto-estima faz a diferença nos adolescentes. Devemos fazer o que for possível para realçar os aspectos positivos. Nosso pessimismo ou nossa depressão podem passar para nossos filhos. O baixo-astral e a visão crítica que alguns pais têm de tudo, sem nunca terem nada de positivo para dizer, são impressões que eles podem gravar para sempre. Procurem enxergar o lado positivo das coisas, assobiem enquanto trabalham. Quando os pais estão felizes e otimistas, os filhos também estão e não precisam recorrer ao álcool ou às drogas para se alegrar. As drogas e o álcool acabam com suas energias, enquanto o amor e o otimismo só as aumentam.

Curta cada momento que estão juntos

O melhor meio de superar o conflito de gerações é curtir o seu adolescente como pessoa com seus próprios pensamentos e sentimentos e deixar que ele também o veja como um indivíduo. É muito comum vermos uns aos outros apenas em nossos papéis. Nossos filhos nos vêem apenas como seus pais ou suas mães; e nós os vemos apenas como nossos filhos. Essa visão unidimensional leva a uma radicalização em que cada um de nós supõe que sabe exatamente o que o outro vai fazer ou dizer e cria um conflito de gerações que, em algumas famílias, leva anos para ser superado.

O meio mais rápido de reaproximação é simplesmente ficar juntos — não com algum propósito em mente, não para forçar algum diálogo, mas apenas para estarmos juntos como pessoas, não como pais e filhos. Em um ambiente sem pressões, com tempo livre, temos a oportunidade de nos enxergarmos sob uma nova ótica. Quando a família Sanchez pendurou duas redes nas árvores do quintal, Maria notou que seu filho de 14 anos, Juan, e seu marido, Dan, ficaram se balançando lado a lado sem discutir. Dan disse: "Gostamos de ficar olhando para o céu".

Isso nem sempre é fácil fazer. Um pai me disse: "Sinto que tenho de transmitir alguma mensagem quando falo com meu filho. Acho que se simplesmente fico com ele, não estou cumprindo o meu dever". Agora que seu filho já tem 19 anos e saiu de casa, eles não conseguem estar juntos sem tensão. "Existe uma distância entre nós." Ele gostaria de abandonar seu papel de pai, de poder divertir-se e relaxar junto com o filho, mas o hábito é tão forte que não lhe permite fazer isso.

Para ficarem próximos de seus adolescentes, prestem atenção às pequenas oportunidades e quebrem a rotina. Se fizerem planos complicados, é muito provável que se decepcionem, pois os adolescentes costumam resistir às tentativas explícitas dos pais para arranjar "tempo para ser desfrutado juntos". Mas se vocês estiverem atentos para aqueles momentos em que nem eles nem vocês se sentem pressionados, serão capazes de relaxar e gozar de um ou mais minutos de serenidade e a distância entre vocês terá diminuído.

Esses momentos podem ocorrer no quintal, na cozinha ou no carro. Podem durar alguns minutos ou um dia inteiro. O importante é abandonar as expectativas, os papéis, as regras e as idéias do que "deve" acontecer. Esses momentos em que simplesmente estamos juntos, compartilhando instantes de perfeita harmonia, em que não fazemos nada e não queremos resolver nada é que fortalecem o relacionamento com os filhos.

Estar junto faz bem para as famílias que pretendem permanecer unidas, ou, como disse um adolescente: "Se você quer que sua família permaneça unida nos períodos difíceis, curta os momentos simples em que vocês estão juntos".

Segurança

Nunca haverá motivo algum para expulsar um adolescente do coração — nem mesmo por um momento. Quando você acredita inteiramente nos filhos, eles também passam a acreditar em si mesmos.

Acredite inteiramente nos filhos

Reflita sobre o período em que você mesmo era adolescente e pergunte-se se alguma vez durante aqueles anos se sentiu confuso e desencorajado. Você teve o coração partido? Você sentia não fazer parte de nada e duvidava que algum dia viesse a fazer? Você alguma vez foi tomado pela tristeza ou pela indecisão? Você se sentia confuso ou sem expectativas sem ter para onde se voltar? Ou tinha alguém com quem conversar, confiar e encontrar uma possível saída?

Nesse caso, quem era essa pessoa? Quem acreditou em você quando você havia deixado de acreditar em si mesmo? A quem podia recorrer quando precisava de um ombro amigo para chorar? Quando precisava de um abraço reconfortante? Essa pessoa era um amigo ou amiga, um avô, um professor ou um estranho? Quem percebeu a chama do potencial oculto em você e disse: "Eu sei que você vai conseguir"?

Se você teve a sorte de ter alguém capaz de enxergar quem você realmente era e que lhe mostrou o caminho, sabe o quanto esse apoio foi importante. E se não teve ninguém, sabe também a falta que isso lhe fez — a solidão que sentiu — e, com certeza, não deseja isso para os seus filhos.

A crença dos pais na capacidade e bondade intrínsecas do filho adolescente é um pré-requisito para o desenvolvimento de um jovem adulto confiante e responsável. Ele precisa que os pais acreditem inteiramente nisso! Precisa que os pais acreditem nele, mesmo quando faz escolhas erradas, quando os entristece e os decepciona. Precisa saber que os pais acreditam nele, que o amam e que jamais o abandonarão. Se os pais deixarem de acreditar nele, será muito difícil para ele voltar a andar nos trilhos. Mesmo quando o comportamento do filho está abaixo do desejável, quando ele faz algo errado, se equivoca ou confunde tudo, os pais devem lembrar que isso deve-se ao fato de muitas vezes ser essa a única escolha que ele achou que tinha no momento.

Todos os adolescentes cometem erros, correm riscos, aprontam, transgridem leis, tentam escapar de alguma coisa e escondem algo dos pais. Alguns chegam a ter problemas com a lei, provocando todo tipo de confusão. Mesmo assim, quando eles tiverem entrado em grandes enrascadas, os pais devem poder enxergá-los na sua totalidade — lembrando-se muitas e muitas vezes que a enrascada na qual está metido é apenas uma parcela ínfima do que ele é. Devem fazer com que os filhos saibam que mesmo tendo cometido erros, eles continuam confiando inteiramente neles. Só assim serão capazes de aprender com os próprios erros, corrigi-los e seguir em frente.

Acreditar que o filho adolescente é uma pessoa maravilhosa que vai alcançar o sucesso é uma profecia que acaba se cumprindo na vida dele. Se os pais acreditam nele apesar de tudo, mesmo quando ele não acredita em si mesmo, ele acaba conseguindo mudar sua vida.

Admire seus filhos como eles são

Você sabe o que é ser amado por um irmão, irmã, pai, mãe ou avô mesmo quando agia com raiva, crueldade ou maldade? Você teve a oportunidade de ver o brilho de satisfação nos olhos dos seus avós demonstrando amor apesar de tudo o que fazia? Ao se sentir inadequada, ou inferior, passou pela experiência de receber tanta compreensão de alguém da família — talvez de um tio, de uma tia, ou de um primo — que todas as suas preocupações e dúvidas se dissiparam?

Quem teve a sorte de ter o amor incondicional da família sabe que é privilegiado. E quem não teve a oportunidade de sentir o calor de ser amado profunda e incondicionalmente pela família, se sentiu carente de algo que nunca teve, não vai querer que o filho também sofra do mesmo modo.

Você é capaz de amar seus filhos incondicionalmente? Incondicionalmente não quer dizer não exigir nada. Às vezes temos de fazer algumas exigências a nossos filhos. Isso é plenamente normal e natural. E podemos também tirar-lhes os privilégios — às vezes isso é necessário para fazê-los satisfazer nossas expectativas. Podemos reduzir o tempo que dispensamos a eles ou a quantidade de atenção que lhes damos. Podemos privá-los de usar o carro, reduzir suas mesadas ou proibi-los de sair por todo um fim de semana. Mas nunca devemos privá-los do nosso amor.

Podemos ficar com raiva deles, mas não devemos expulsá-los do nosso coração. Temos de encontrar maneiras de respeitá-los mesmo quando nos decepcionam. Podemos discordar de muitas questões — desde que nosso amor por eles não entre em questão. Quando têm o apoio dos pais, os adolescentes vicejam, e todos nós somos beneficiados. Os adolescentes que são valorizados tornam-se ávidos por aprender e se envolver.

Existem muitos estereótipos sobre os adolescentes que nos deixam aterrorizados. Pais, professores e outros adultos são influenciados pela publicidade negativa. De fato, algumas pessoas ficam tão alarmadas quando vêem um grupo de adolescentes andando na rua que imediatamente supõem, conforme me disse um guarda de segurança, que "os adolescentes não fazem nada que presta".

Infelizmente, essa suposição influencia o modo com que tratamos os adolescentes em casa, na escola e na comunidade. Quando achamos que eles são vadios, irresponsáveis e problemáticos, não estamos imbuídos da paciência e da compaixão de que tanto necessitam. Se os consideramos imprestáveis, não nos damos ao trabalho de ensinar-lhes o que precisam aprender.

Tal atitude negativa para com a nova geração impregna o espírito coletivo, deixando-nos pessimistas, cínicos e ineficientes. Com essa nuvem de ameaças e condenações pairando sobre as relações entre adultos e adolescentes não é de surpreender que eles se sintam abandonados.

Os adolescentes precisam de pais que sejam especialistas em relações públicas, que valorizem a capacidade deles de lidar com os desafios de um mundo cada vez mais exigente. Eles precisam da admiração dos pais agora, precisam saber que os pais os apreciam, que os admiram pelo que são e que estão dispostos a defendê-los em público.

Aja corretamente

Se você quer que seu filho adolescente o respeite, *você* deve se comportar corretamente. O respeito começa nos pais e passa para os filhos. Preste atenção às suas próprias atitudes e comportamentos, pois o que você diz e faz influencia seus filhos. Respeitar é tratar a *todos* com dignidade, amor e compaixão. Se você é mãe e quer que sua filha respeite o pai dela, você tem de dar o exemplo, tratando-o com respeito. Se você é pai e quer que seu filho respeite a mãe dele, você terá de tratá-la com respeito. É pelo exemplo próprio que os pais ensinam o filho adolescente a respeitá-los, a respeitar a si mesmo e aos outros.

Quase todos os pais descarregam nos filhos, xingam ou atacam — pelo menos ocasionalmente. O comportamento do adolescente pode às vezes ser tão enlouquecedor, estranho e enfurecedor que até mesmo um santo perderia a paciência. Mesmo assim, os pais impõem respeito pelo tom com que tratam o filho adolescente em todos os momentos — mesmo quando ele os leva à loucura.

No contexto familiar, há muitas oportunidades para uma pessoa mostrar respeito pela outra. Demonstramos respeito quando prestamos atenção ao que os outros membros da família têm a dizer. Demonstramos respeito quando cumprimos o que prometemos, quando levamos em consideração os sentimentos dos outros, quando abrimos mão de alguma coisa para fazer algo por alguém, quando notamos o olhar do outro dizendo: "Estou passando por uma situação difícil", e respondemos com consideração.

Quando os pais tratam os filhos adolescentes da forma que querem ser tratados, eles estão colocando em prática a máxima: Faça por seu filho o que gostaria que ele fizesse por você. Ela exclui palavrões, humilhações, gozações, ridicularizações, insinuações e sarcasmos. E não permite que se tire conclusões pela suposição do pior.

Adam, de 14 anos, deixou para cortar a grama no último minuto antes de sair para o jogo de beisebol. Gerald, seu pai, percebeu que o trabalho tinha sido feito às pressas. Em vez de xingar, criticar e blasfemar — como seu próprio pai fazia com ele —, preferiu falar calmamente, mas com firmeza: "Notei que o jardim está precisando de mais dedicação, especialmente a parte da frente, e que a grama cortada precisa ser retirada. Quando é que você vai poder fazer isso?". Com tamanho respeito da parte de seu pai, Adam saltou da cadeira e foi concluir o trabalho. Infelizmente, em algumas famílias essa mesma situação poderia ter arruinado toda uma tarde, com o pai humilhando o filho, ou com brigas, discussões e xingamentos mútuos.

O que os pais fazem e dizem têm importância. São eles que dão o exemplo.

Deixe que eles aprendam
por experiência própria

Todos nós sabemos que a experiência é um excelente mestre. Se quisermos que nossos filhos aprendam por experiência própria, antes de castigá-los precisamos ser pacientes. Para ilustrar o que estou querendo dizer, vou contar minha experiência pessoal com Amanda. Sempre que eu reclamava por ela estar dirigindo em alta velocidade, ela respondia: "Sei o que estou fazendo, mamãe", ou "Você também dirige muito rápido" ou, ainda, "Não, não estou". Ela reduzia a velocidade por um tempo, mas, apesar dos meus esforços ao contrário, logo voltava a acelerar. Um dia, exatamente quando eu estava reclamando, ela foi multada e eu me senti tentada a dizer: "Eu não te disse?". Tive de controlar o impulso de dar-lhe uma boa lição, mas como eu já a tinha alertado, dessa vez decidi ser paciente e ver o que aconteceria.

Amanda quis pagar a multa com suas próprias economias, mas eu sugeri, como quem não quer nada (o que não foi nada fácil), que apelássemos para ver se seria possível reduzir a multa ou que ela não constasse do prontuário dela. Eu sabia que essa experiência de ser multada e tentar recorrer poderia lhe servir de lição em vários e diferentes níveis.

Tomei cuidado para não apavorá-la, fazendo do julgamento*

---

* Nos Estados Unidos as apelações de multas são decididas em tribunais de pequenas causas. (N.E.)

um acontecimento intimidador. Eu não queria que o medo dela fosse devastador, impedindo-a de enfrentar as conseqüências de seus atos. Portanto, ofereci-lhe meu apoio e disse: "Sei que você vai conseguir".

Quando entramos na sala do tribunal, ela entendeu pela primeira vez que deveria falar diante de uma sala repleta de outros motoristas transgressores. Ela ouviu os relatos das pessoas procurando dar todos os tipos de justificativas. E foi ficando cada vez mais nervosa, de maneira que sussurrei-lhe: "Você vai se sair bem".

Quando o funcionário chamou seu nome, ela ergueu-se, dirigiu-se para o banco, olhou diretamente para o juiz e com respeito, clareza e sinceridade explicou as circunstâncias em que tinha sido multada. O juiz lhe fez algumas perguntas e depois reduziu a multa e, como era sua primeira transgressão, retirou-a do seu prontuário. Ela suspirou aliviada e agradeceu-me por tê-la ajudado.

Fiquei orgulhosa. Ela comportou-se responsavelmente naquela situação de pressão. Eu sei que ela aprendeu com essa experiência, porque passou a dirigir melhor e acho que também aprendeu a lidar com as situações da vida adulta. Fiquei orgulhosa também de mim mesma. Só tive de ter um pouco de paciência para que ambas aprendêssemos com a experiência, o que se revelou muito mais eficaz do que xingar, ameaçar ou fazer eu mesma o papel de juiz.

Ele é capaz de encontrar soluções

Seu objetivo como mãe ou pai é ensinar o adolescente a assumir responsabilidade pela sua própria vida. Para alcançar esse resultado, ele precisa se exercitar tomando suas decisões e encontrando soluções para os problemas. Ele não irá conseguir isso com você assumindo e comandando continuamente o espetáculo.

Os adolescentes terão de enfrentar muitos desafios e vencer muitas tentações. Mesmo que pudéssemos estar sempre presentes, não seria sábio resolver todos os problemas para eles, controlar todos os seus movimentos ou tentar manobrá-los para fazerem o que queremos. Se os pais estão sempre querendo controlar a vida do filho, estão criando uma dependência nociva e, em conseqüência, ele jamais poderá aprender a ser responsável. Quando os pais tentam controlar a vida do filho, ele se revolta, se nega a cooperar, faz escolhas erradas e transforma a vida de todos num inferno.

Cynthia tentava controlar a vida de seu filho Zeck, de 15 anos, e vivia criticando suas escolhas. Quando ele apareceu com o cabelo cortado ao estilo dos índios *mohawk*, ela riu da cara dele. Quando ele quis usar brincos, ela objetou com tanta veemência que ele fez uma tatuagem para contrariá-la. Quando ela não permitiu que ele jogasse futebol porque achava que era perigoso demais, ele começou a fumar maconha. Quando ela começou a criticar seus amigos, ele começou a mentir. A resposta às tentativas dela de controlá-lo era a rebelião.

Desde algo tão simples quanto o que usar e o que fazer até algo mais complexo como faltar às aulas de sexta-feira, o adolescente está lutando por sua independência. O primeiro passo para alcançá-la é fazer suas próprias escolhas, baseadas nas soluções que ele próprio encontrou, e seguir seu próprio caminho. Brad, pai de dois meninos adolescentes, disse-me: "Quando se trata de meus filhos, acho que sou eu quem deve encontrar as respostas, apesar de saber que é melhor deixar que eles mesmos as encontrem".

Michael notou que seu filho, Graham, na terceira série do segundo grau, se esforçava tanto para obter boas notas que chegava às vezes a ficar gelado durante os exames. Sempre que Michael tentava dar uma sugestão para que ele relaxasse, Graham ficava ainda mais tenso. "Abordando o assunto eu estava piorando as coisas e, por isso, decidi deixar que ele mesmo encontrasse uma solução. Então, disse-lhe: 'Sei que você vai resolver isso'."

Os pais sensatos colocam-se na retaguarda e deixam que os filhos façam suas escolhas. Estimulam-nos a serem independentes dizendo: "A escolha é sua... o que você decidir está bem... Acredito na sua capacidade de escolher o melhor para você mesmo". Pais prudentes oferecem apoio dizendo: "Se você quer que eu o ajude é só dizer".

A confiança que você deposita no seu filho lhe dá coragem para prosseguir, mesmo nas horas mais difíceis, quando ele se sente desestimulado e quer desistir. Acreditando nele, ele enfrenta com confiança o que quer que a vida coloque em seu caminho. A sua fé é uma forte motivação para ele e faz com que ele acredite em si mesmo. Quer que você saiba que ele é independente e capaz; a sua confiança é a confirmação de que ele necessita.

Semeie sugestões

Quando o diálogo com o seu adolescente se torna impossível porque ele acha que sabe mais do que você, porque ele não quer falar sobre um assunto e se fecha, ou quando uma das partes começa a berrar, é hora de testar um remédio muito potente: plantar uma semente de sugestão, retroceder e ficar observando-a germinar.

Ninguém gosta que lhe digam o que fazer. É próprio da natureza humana contrariar quando alguém nos diz como devemos viver. Mesmo quando pedimos conselhos, normalmente não queremos que a pessoa nos diga exatamente o que devemos fazer — queremos nós mesmos chegar às nossas conclusões. E isso vale especialmente para os adolescentes.

Pense em quantos adultos na escola ou em atividades extracurriculares já dizem aos adolescentes o que eles devem fazer. Se pensar nisso, você vai entender o quanto, de fato, ele é cooperativo. Na verdade, é admirável a sua capacidade de lidar com conselhos, ordens e regras. No final do dia, provavelmente ele está tão saturado de ouvir conselhos que fica defensivo quando os pais querem lhe dar mais conselhos bem-intencionados.

Plantando uma semente de sugestão, estamos permitindo que nosso filho reflita sobre as coisas sem ter de decidir na hora. Damos-lhe uma idéia das possibilidades que esperamos que leve em consideração, sem forçá-lo. Quando Chloe estava considerando a possibilidade de entrar para o time de futebol, o pai dela lhe disse de passagem: "Você já considerou a possibilidade de ser atleta de corrida? Você bem que poderia pensar nisso, pois tem muita capacidade e poderia conseguir patrocínio". E afastou-se. Quando Josh não conseguiu encontrar nenhum trabalho para as férias de verão, Marge sugeriu-lhe: "Você já pensou em falar com o tio Hank? Ele conhece muita gente". Clarice usou o mesmo método para falar com seu filho Doug a respeito da compra de seu primeiro carro: "Talvez você devesse verificar quanto custa o seguro antes de decidir".

Esses pais foram suficientemente sábios para plantar sugestões sem fazer preleções ou reclamações que impediriam suas sementes de crescer. Chloe entrou para o time de atletas, Josh trabalhou para seu tio Hank e Doug adiou a compra do seu carro.

Se o confronto direto faz seu filho entrar na defensiva, tente plantar sugestões casuais para obter mais rapidamente resultados. Bill não estava gostando muito da idéia de Jason ir para o campo com mau tempo e disse: "Se você não se importa em sentir frio e umidade, talvez seja divertido". Jason pensou nisso por um tempo e acabou decidindo: "Com este tempo não vou".

Como pais, é nossa responsabilidade informá-los, dizer-lhes as coisas em que eles não pensaram e deixar que cheguem às suas próprias conclusões. Quando plantamos uma semente de sugestão, nosso filho pode refletir sobre a idéia que lhe demos, modificá-la e proclamá-la como sendo sua própria. E então todos podem colher os frutos.

Fique na retaguarda observando seu filho crescer

Ao semearmos sugestões, não devemos esperar resultados imediatos. Sabemos que as sementes levam tempo para germinar e que ficar remexendo nelas não vai apressar o processo. As sementes precisam diariamente de água, nutrientes e cuidados para que germinem, cresçam e vicejem. O mesmo acontece com os adolescentes. Mesmo que não apresentem resultados em semanas ou talvez até em meses, eles continuam necessitando de nutrição, atenção e amor. Portanto, se quiser que as sementes de sugestões cresçam, seja paciente e ofereça-lhes dedicação, lealdade e atenção. É observar e esperar.

Chad, aos 14 anos, foi reprovado em matemática. A mãe dele sabia, por experiência anterior, que ameaças, brigas e discursos não levavam a nada, de maneira que dessa vez ela procurou plantar uma semente de sugestão: "Você bem que podia pensar na possibilidade de pedir a seu professor que indicasse o nome de um professor particular. Eu pago de boa vontade. Você decide e depois me comunica". Então, ela esperou seis dias — nos quais continuou apoiando-o, acompanhando-o e tomando cuidado para não ficar insistindo antes de finalmente perguntar: "O que você decidiu a respeito de ter um professor particular? Tem alguma coisa que eu possa fazer?". Chad resmungou: "Sim. Você pode ligar para o professor pedindo que ele indique um?". "Boa idéia — vou segui-la." A semente de sugestão dela criou raízes e cresceu. A mãe ficou aliviada e o filho livrou a cara.

Os Logan já tinham três filhos quando uma sobrinha, de 16 anos, foi morar com eles. Janey era obstinada, deprimida e teimosa. Não fazia nada na escola a não ser andar com amigos indesejáveis. Nada do que os Logan dissessem fazia qualquer diferença, até que eles lhe perguntaram: "O que você quer fazer quando concluir o colegial?". Ao que Janey respondeu: "Conseguir um apartamento e morar sozinha". Eles acharam que ela nunca conseguiria manter-se por conta própria, mas guardaram suas dúvidas para si mesmos e disseram: "Muito bem! Você gostaria que a ajudássemos a delinear um plano de independência?".

Essa foi a primeira das muitas sementes de sugestão que eles plantaram. O plano de independência foi a semente que germinou. Ela se enraizou quando Janey fez uma lista do que precisava saber até o final do colegial para se tornar independente. Um plano personalizado de independência foi a motivação que ela estava precisando. Nos dois anos seguintes, os Logan foram persistentes no sentido de fazê-la centrar-se em seu plano.

Uma semente sugerindo um plano de independência pode funcionar também no caso de seus filhos, mas lembrem-se de que *nem todas* as sementes germinam. Mas se vocês plantarem uma grande variedade de sugestões, algumas delas darão belos frutos.

Admita quando estiver com raiva

Quem têm filhos adolescentes têm alguns anos pela frente de momentos de raiva, irritação, frustração, aborrecimento e até de verdadeira ira. Portanto, quando acontecer, é melhor admitir! É preferível demonstrar abertamente o que você está sentindo do que deixar que eles captem sua hostilidade. Conforme me disse uma mãe: "Eu reconheço, estou cheia!".

Não é saudável para um adolescente conviver com uma mãe mártir, que faz de conta que não se importa, sorrindo por fora enquanto se sente irada por dentro. Não é saudável para um adolescente conviver com um pai sofredor, que se sente explorado pelos filhos, mas que prefere ignorar seus sentimentos e calar-se. Por outro lado, não é saudável para ninguém uma vida familiar em que todos têm explosões violentas de raiva. Se a irritação é tamanha que o filho adolescente tem de pisar em ovos para evitar o confronto, é preciso aprender a transformar a raiva numa força produtiva.

Quando estamos com raiva, não devemos ignorá-la se não quisermos piorar as coisas. Demonstrando excessiva bondade, paciência e compreensão, podemos transmitir uma hipocrisia insípida que cria uma confusão prejudicial tanto para nós mesmos quanto para nossos filhos. Os filhos se aproveitarão do comportamento pacífico dos pais e acabarão se sentindo culpados. Quando os pais ignoram o que os está incomodando, acabam explodindo, provocando uma cena desproporcional ao "crime" e depois se sentindo culpados. Após ter batido a cabeça do filho contra a parede da cozinha, Mark confessou: "Estava tão furioso que tremia. Tentava ignorar o que ele fazia, mas dessa vez acabei explodindo". Um círculo vicioso que nada resolve.

Lembre-se de que a raiva é um sinal de que algo está errado. Os adolescentes precisam de limites, precisam saber quando basta. Precisam que os pais finquem pé. Use a raiva para lhes comunicar claramente que o comportamento deles o está incomodando. Não recorra a xingamentos nem a ataques, mas simplesmente coloque claramente seus limites.

Aos 15 anos, Jamie mostrava-se exigente, teimosa e rabugenta. Quando ela queria dinheiro para comprar roupas e maquiagem, tomar lanches ou ir ao cinema, esperava que sua mãe lhe desse. Ela não fazia absolutamente nada em casa. Seu quarto era uma bagunça e seus pertences viviam espalhados. Ela implorou para ter aulas de piano, mas ficava zangada quando alguém a lembrava que tinha de praticar. Certo dia, quando ela se jogou no sofá com os pés sobre a mesinha de centro, em vez de gritar "O que há com você? Você não sabe fazer mais do que isso?", sua mãe resolveu mudar de tática. Descreveu o que estava vendo, como isso a fazia sentir-se e o que queria que fosse feito: "Quando a vejo com os pés em cima da mesa, fico furiosa! O lugar dos pés é no chão". E continuou falando sobre o quarto, o dinheiro e as aulas. Em vez de insultá-la e ameaçá-la, usou a raiva para dizer o que desejava. E funcionou!

Aprimore sua capacidade de argumentação

Argumentar é a especialidade dos adolescentes. Certa vez perguntei a uma senhora experiente, avó de 14 netos, se ela e seus filhos nunca tinham brigado. "Sim", ela respondeu, "brigamos, mas nem tanto quanto deveríamos." Ela lembrou-me de uma descoberta importante: que o modo de lidar com os conflitos é o fator mais importante que mantém a família unida.

Há muitas maneiras negativas de se lidar com conflitos. Os pais podem fingir que eles não existem ou dominar os filhos adolescentes pelo uso da força física ou subornando-os. Eles impedem o surgimento de qualquer conflito se compram os filhos com presentes ou se ignoram tudo o que é negativo.

Conheço um pai que não ouve o que não quer ouvir. Ele está convencido de que qualquer coisa que possa causar conflito deve ser ignorada e exige que todos façam o que ele quer e manda. Se alguém reclama, ele simplesmente faz que não ouve. Conheço também uma mãe que está sempre sorrindo, independentemente do que acontece. Ambos estão corretos — até certo ponto. Evitar discussões desnecessárias é uma qualidade que facilita o convívio com os adolescentes, mas não se pode sempre varrer os verdadeiros conflitos para debaixo do tapete. Eles vão acabar se manifestando de alguma maneira. Os conflitos precisam ser enfrentados. Se não lidarmos com eles, irão se avolumando até não podermos mais controlá-los e acabarão desmoronando sobre nossas cabeças em forma de avalanche.

O que é preciso para aprender a lidar com conflitos? Em primeiro lugar, entender que as brigas em família não precisam significar o fim do mundo nem o término das relações. Pais e filhos adolescentes podem ter desavenças, discutir e se enfurecer, mas sem deixar de se amar.

É óbvio que existem famílias que não brigam. Elas vivem em constante harmonia e, na minha opinião, muitas delas vivem entediadas, sobre poços de energia estagnada. É muito provável que também não haja muita proximidade entre seus membros. Às vezes, para haver proximidade entre eles, é preciso que briguem. Não há nada de errado nisso, desde que resulte em crescimento, realização e também um pouco mais de discernimento e compreensão.

Toda discussão traz a possibilidade de aprendizado. Algo que o adolescente diz quando está com raiva e sem pensar pode conter uma grande verdade que você não tem levado em consideração. Use-a a seu favor. Quanto mais souber sobre si mesma, melhor se sentirá. Por mais paradoxal que pareça, quanto mais enfrentar o conflito subjacente, mais duradoura será a sua paz.

Seja sensível às dificuldades que um adolescente enfrenta

A vida, hoje, não é fácil para os adolescentes. Eles estão sempre ocupados, têm agendas lotadas e levam uma vida atribulada. Erika, de 14 anos, diz o seguinte: "A escola exerce muito mais pressão do que a maioria dos adultos imagina. Tenho sete horas e meia de aulas por dia, seguidas de pelo menos duas horas de dever de casa e mais duas horas de natação. Depois, ainda tenho outras tarefas: às vezes, faço o jantar, porque minha mãe trabalha até tarde. Não tenho tempo para relaxar ou conversar com meus amigos. Acho que esperam demais de mim e me sinto pressionada".

Enquanto lutam com as exigências externas, emocionalmente tentam vencer a indecisão e a confusão. Paige, 13 anos, diz: "Quero ter muitos amigos, mas não tenho dinheiro para ir ao cinema ou patinar e, por isso, sou deixada de lado". Os adolescentes também se preocupam com a aparência pessoal: querem ser aceitos, ser populares. Podem ter de lidar com a ansiedade causada pelo divórcio dos pais, com a pressão para fazer sexo, talvez com a violência nas escolas onde estudam ou nos bairros onde moram.

Atitudes de indisposição ou excessivamente emocionais são sinais de que algo está errado — algo vai mal interiormente. Quando o adolescente está com problemas, ele pode parecer agitado, irrequieto, distante ou zangado. Instintivamente ele sabe que não pode resolver os problemas externos se não resolver os internos e, por isso, volta-se para dentro de si mesmo. Absorto em seus próprios pensamentos e sentimentos, ele se esforça para chegar a alguma conclusão.

Quando perguntamos: "Qual é o problema?", a resposta mais freqüente deles é: "Nada". Não é que estejam tentando esconder algo, mas realmente não sabem ou não têm certeza. A maioria de nós, provavelmente, já passou pela experiência de ter vontade de chorar sem saber por quê. E provavelmente já nos sentimos confusos interiormente e não quisemos falar sobre o que estava nos perturbando antes de ter chegado por nós mesmos a uma conclusão. Chegamos mesmo, algumas vezes, a esconder isso dos outros para que não façam perguntas. O mesmo acontece com o seu adolescente: ele precisa de tempo para refletir sobre o que o está incomodando antes de poder falar.

Os pais de adolescentes devem ter sensibilidade para perceber esses processos internos. Não é tarefa deles resolver os problemas. Na verdade, tentar dar conselhos nessas horas de confusão só piora as coisas. Pela simples observação, você pode notar no olhar de sua filha, na postura da cabeça de seu filho se eles estão *tendo um dia difícil*. Quando o garoto está perturbado, se comportando de modo que você não entende, é provável que esteja experimentando sentimentos que tampouco ele compreende. Um olhar compassivo e paciente é tudo o que ele precisa para saber que você está ao seu lado. Um aceno de cabeça sensível, suave e sincero pode ajudar mais do que muitas palavras.

Familiarize-se com os problemas que seus filhos estão enfrentando. É muito reconfortante para o adolescente saber que seus pais reconhecem suas dificuldades.

Aceite as escolhas do adolescente

Nossos filhos adolescentes não vão ser iguaizinhos a nós. Esperamos que eles tirem o melhor de nós, se aperfeiçoem e se tornem aquilo a que foram destinados.

A busca de autonomia — encontrar a identidade pessoal — é o principal impulso do adolescente. O processo de crescimento é essencialmente a descoberta de *quem sou*, diferente de todos os outros. Isso requer a busca de um estilo pessoal. É mais ou menos como comprar um novo par de sapatos. Experimentamos vários modelos e tamanhos até encontrarmos aquele que se ajusta aos nossos pés e à nossa própria personalidade. Da mesma forma, os adolescentes experimentam diferentes identidades até encontrar aquela que se ajusta perfeitamente a cada um. E exatamente como o adolescente não pensa em usar os sapatos dos pais, ele também não quer ser uma cópia deles — quer ter sua própria identidade. Os pais não devem levar a questão em termos pessoais se os filhos se recusam a comprar sapatos exatamente iguais aos seus. Portanto, não devemos tomar como ofensa pessoal quando nosso filho faz escolhas diferentes das nossas. Devemos nos lembrar que ele está se definindo pelas escolhas que faz.

Mesmo que as escolhas dele causem perplexidade, os pais não devem se preocupar. Assim como a moda de sapatos é passageira, as escolhas do filho também não são definitivas — ele é jovem e provavelmente vai mudar de estilo muitas vezes durante os próximos cinco a dez anos — como os pais também devem ter mudado.

Se os pais dizem ao filho adolescente como deve se vestir, falar e andar, estarão exercendo influência demais sobre ele. E se o filho está seguindo todos os conselhos dos pais, estará travando uma batalha em seu interior e poderá ter dificuldade para encontrar sua própria identidade. E se já não estiver se ressentindo, mais cedo ou mais tarde isso acabará ocorrendo.

O adolescente adquire autoconfiança pela afirmação de si mesmo e pelas escolhas que faz, diferentes das dos pais. Quando os pais o desaprovam, ele perde a confiança em si mesmo, mesmo que eles nunca fiquem sabendo. Os pais terão uma relação mais próxima com o filho se o deixar fazer suas próprias escolhas, se permitir que ele afirme sua própria singularidade — que descubra o que faz com que cada um seja especial.

O filho adolescente sabe que tem muitas semelhanças com os pais, mas deseja descobrir os pequenos detalhes que o tornam único. Assim, se você gosta de usar tênis, ele provavelmente preferirá usar sandálias; se você quer que ele use sandálias, com certeza ele preferirá usar botas. Qualquer que seja o caso, é bom que se diga a ele: "Confio na sua capacidade de fazer boas escolhas", ou: "Escolha o que for melhor para você".

Saiba lidar com os temas tabus

Na adolescência, nossos filhos estão descobrindo o amor e a sexualidade, e talvez por isso este seja um período tão difícil para nós, pais. Eles estão querendo namorar, se apaixonar e se perguntam se seus sentimentos são normais. E mesmo que os filhos ainda não tenham uma vida sexual ativa, a maioria dos pais fica pouco à vontade com essa fase natural.

Percebemos as manifestações da sexualidade deles e não queremos que nossos "bebês" pensem nela e, muito menos, que "a pratiquem". No mínimo, esperamos que eles adiem o máximo possível esse "salto para dentro do oceano". É compreensível o fato de nos sentirmos tão pouco à vontade com um assunto que nunca discutimos ou que, por outro lado, só abordamos com discursos que são prontamente desligados.

E então, como abordarmos com nossos filhos adolescentes temas como amor, sexo, contracepção, corpo e todas as mudanças que assumem tanta importância na puberdade? Se você nunca falou antes sobre sexualidade, mesmo que consiga criar coragem para fazê-lo, convidar o garoto ou a garota para uma conversa é, certamente, forçar a barra. É mais sensato os pais tratarem de se preparar para quando surgir a oportunidade.

Andy, pai de um garoto de 14 anos, disse: "Se meu filho quiser ver um filme pornográfico, eu lhe farei companhia de boa vontade. Assim teremos oportunidade de conversar naturalmente a partir do que vimos, vou poder dizer-lhe o que penso e, pelo menos, vou saber que dei minha contribuição".

Em toda a minha experiência profissional, não consigo me lembrar de ter ouvido uma única referência de filhos que tenham aprendido algo importante sobre sexo com os pais que os convidaram a sentar para terem uma conversa a respeito. Na sua maioria, eles aprendem observando e escutando. Eles vêem os pais se beijando, vêem cenas na televisão, assistem a filmes, vêem cartazes, falam com amigos e lêem livros. É um processo de aprendizagem que ocorre naturalmente e que é acelerado na adolescência.

Temos muitas oportunidades de iniciar uma conversa sobre valores, sentimentos, intimidade e amor. Somos bombardeados diariamente com mensagens sexuais. Podemos aproveitar uma dessas ocasiões para conversar sobre temas tabus, tais como: sexo seguro, doenças sexualmente transmissíveis, abuso sexual, intimidade. Podemos dizer o que pensamos sobre amor, sexo e amizade, como eles estão relacionados e o que é estar apaixonado.

Os adolescentes com quem converso dizem que o desejo sexual não é predominante. Eles querem estabelecer relações e, eventualmente, encontrar um parceiro ou parceira para o resto de suas vidas. E apesar de ficarem curiosos quando se sentem amados e próximos, estão dispostos a postergar a relação sexual.

Ensine seu adolescente sobre sexo, amor e relacionamentos, compartilhando seus pontos de vista a cada oportunidade que surge. Não deixe essa tarefa para os outros.

Inclua-os em sua própria vida

Por mais que pareça que os filhos estão deixando os pais de lado por não incluí-los nos pormenores da vida deles, não é absolutamente hora de os pais excluí-los de suas vidas. O adolescente tem necessidade de pertencer, de ser parte dos pais e de fazer parte da vida deles.

Se os pais levam uma vida atribulada — cada qual seguindo seu próprio rumo —, terão de fazer um esforço extraordinário para se manter informados. Se há muito vaivém na casa, recomendo que tenham um calendário com os compromissos em local que todos possam vê-lo.

Todas as pessoas da casa, pais e filhos, devem informar seus diferentes horários, quando estarão de volta e telefonar avisando quando se atrasam. Deixe um aviso por escrito quando não for possível comunicar-lhes pessoalmente. Informe-os onde poderão ser encontrados. Conheço adolescentes que não sabem ao certo o que seus pais fazem no dia-a-dia. É importante que os pais levem os filhos a seus locais de trabalho para que eles os vejam ali.

Uma vez por ano, Angelia leva suas filhas ao restaurante onde costuma fazer seus almoços de negócios. Em apenas duas horas, as meninas conhecem um lado profissional da mãe que, do contrário, poderiam ignorar totalmente. Com esse conhecimento, elas passam a entender e a respeitar o que a mãe faz.

Sabendo como é o seu dia-a-dia, os adolescentes passam a valorizar o seu trabalho e a reconhecer o seu esforço para o sustento da família. Vendo do que você é capaz, eles passam a respeitá-lo mais e a compreender melhor o que conseguiu, o que teve de superar, e este é um aprendizado prático de vida.

Mostre-lhes o que você faz. Com isso, estará fortalecendo os laços que os unem e, indiretamente, estará ensinando-os a administrar o tempo.

Fale com franqueza sobre suas histórias de vida

Os adolescentes precisam ter respostas imediatas e diretas para as suas perguntas. Os pais que prezam a integridade contam-lhes os fatos como eles são, mesmo que isso signifique expor aspectos negativos de si mesmos que prefeririam não revelar.

As famílias de Roberta e Paul consideravam vergonhoso o fato de os dois "terem tido um casamento forçado" e os aconselharam a "mantê-lo em segredo". No dia do casamento, juraram que jamais deixariam que o filho viesse a saber do ocorrido. Eles se casaram às pressas e durante anos ocultaram a verdade.

Uma manhã, na cozinha, o filho, que agora já era um adolescente, com mais de um metro e oitenta de altura, revelou à sua mãe que sabia o que eles tanto temiam. Ele ficou sabendo por intermédio de um primo. Trêmula e chorosa, ela tentou corrigir as coisas, explicando-se: "Nós ficamos tão... felizes por ter você... você pode nos perdoar?". O garoto deu de ombros: "Tudo bem, mamãe. Sei que você e papai não são perfeitos".

Ocultar a verdade é uma missão impossível. Os detalhes que os pais tanto sofrem para ocultar acabam sempre se revelando e nunca funciona por muito tempo. Quando os filhos perguntam, é melhor dizer-lhes a verdade.

Ao partilhar fatos de suas próprias vidas, os pais estão permitindo que os filhos saibam, entendam e participem da história familiar. Assim, os filhos podem ter empatia pelo que os pais passaram e compaixão pelas dificuldades que tiveram de enfrentar. Pelos relatos dos pais, podem vê-los como pessoas e não como uma "união parental" unidimensional. Lindsey disse: "Quando meus pais me falam de quando eram pequenos, eles ficam parecendo pessoas reais, não apenas meus pais". E Nick acrescentou: "Eu consigo me relacionar melhor com meus pais quando eles me contam o que faziam quando eram adolescentes".

Quando os pais contam as dificuldades que tiveram quando adolescentes, os filhos entendem que existem coisas que fazem parte da condição humana e que, portanto, nem tudo está perdido. Isso lhes dá esperanças. Os pais conseguiram sobreviver às dificuldades e, portanto, eles também conseguirão. Um garoto de 13 anos, Elliot, ficou muito aliviado quando soube que seu pai também foi alvo de brincadeira e gozações por ter sido disléxico. Zoey ficou aliviada ao saber que sua mãe também tinha sido gorda. Andy animou-se ao descobrir quantas vezes seu pai tinha ficado no banco de reserva. E quando Sallee descobriu quantas vezes sua mãe tinha perdido antes de vencer uma competição de natação, ela encontrou novas forças para continuar tentando.

Contar as suas próprias histórias de infância lhes dá um ponto de referência comum e tira você do pedestal da autoridade, colocando-o direto no chão, que é um bom lugar para pais e filhos se encontrarem.

Negocie e negocie

Com adolescentes em casa, temos muitíssimas oportunidades de aperfeiçoar nossas habilidades de negociantes. É uma excelente ocasião para aprendermos a resolver disputas, de modo que todos sejam vencedores. Pela negociação, pais e filhos passam a se conhecer e a se sentir melhor, e, mesmo quando não concordam, podem enfrentar as diferenças sem se desintegrar.

O conflito é inevitável em qualquer relacionamento, em particular com os filhos adolescentes, que estão em processo de formação de identidade. Esperar que seja diferente seria perder a oportunidade de se conhecerem melhor. Os conflitos não são destrutivos para o relacionamento com nossos filhos se não os varrermos para baixo do tapete e fingirmos que eles não existem. Esperar que tudo corra bem, com perfeita harmonia e sem desentendimentos causa distanciamento e cria um padrão de relacionamento superficial.

Katie, 14 anos, já desistiu de discutir as coisas com sua mãe, porque, como ela diz: "Minha mãe fica tão furiosa quando discordo dela que é melhor guardar o que penso para mim mesma. Ela não sabe mais quem eu sou".

Isso não quer dizer que tenhamos de enfrentar os problemas ao calor das emoções. Se todo mundo está gritando, é melhor dar meia hora de folga antes de começar a negociar. Diga, por exemplo, que gostaria de saber como seu filho está se sentindo:

"Quero dar-lhe toda a atenção e, por isso, 'vamos dar um tempo?'. Dentro de trinta minutos voltamos a nos falar". Durante essa pausa, respire profundamente, procure centrar-se e acalmar-se. É provável que pai e mãe queiram ouvir atentamente o ponto de vista do filho e, calmamente, devem expor os seus, antes de começar a negociar.

Há pais que preferem exigir obediência a regras rígidas e fixas porque é mais fácil impô-las do que negociar. Regras rigidamente estabelecidas privam pais e filhos do aprendizado que resulta do debate dos prós e contras de cada situação específica.

Carly queria ir a um show, mas para a mãe dela o lugar era desagradável. As negociações tiveram início. Cada uma colocou o que queria e por que era tão importante. A mãe disse: "Para mim é importante sentir que você esteja fisicamente em segurança". Carly respondeu: "Para mim é importante sentir que você acredita que sou capaz de tomar conta de mim mesma em qualquer situação". Com esse começo, elas puderam explorar e entender o que faria a mãe sentir-se segura e Carly confiável.

Peça sugestões, como, por exemplo: "Você tem outra solução?", "Tem alguma outra idéia?", "O que você quer que eu faça?". Aprender a posicionar-se francamente proporciona lições para o resto da vida. A negociação estimula o adolescente a pensar, a levar em consideração as necessidades de ambas as partes e a assumir a responsabilidade de apresentar soluções. Quando você negocia, está fortalecendo os laços e, ao mesmo tempo, respeitando a individualidade de seus filhos.

Mantenha as regras familiares negociáveis. Negociar exige mais tempo e esforço, mas, em compensação, mantém viva e espontânea a vida familiar. Já existem regras demais que temos de seguir em todos os outros contextos.

Deixe-o saber que você se importa

Os adolescentes necessitam de grandes doses de compaixão e de demonstrações de afeto. Nós damos a eles tantas coisas materiais e dinheiro que achamos que basta, mas um simples gesto de carinho de nossa parte é mais reconfortante para o espírito deles do que um novo jeans. Qual foi a última vez que vocês saíram juntos para dar um passeio? Há quanto tempo vocês não se abraçam? Você tem dito a ele: "Estou feliz por você estar aqui, feliz por te conhecer, por você fazer parte da minha vida"?

Mesmo não tendo mais que niná-lo, embalá-lo e cobri-lo na hora de dormir, o filho adolescente continua precisando de expressões de amor dos pais. Talvez ele seja mais alto do que os pais e ela seja mais esperta, mas ambos continuam precisando de reafirmações de que são amados. A menina pode parecer indiferente e o menino pode não reagir abertamente, mas no fundo ambos se perguntam: *Será que meus pais me amam? Importam-se realmente comigo?* Declarações de amor, abraços e beijos dos pais provêem o conforto de que necessitam quando não se pode enxugar suas lágrimas e resolver todos os seus problemas.

Às vezes é fácil esquecer por que exatamente tivemos filhos e por que ainda os amamos. Amber, de 13 anos, disse: "Minha mãe não diz mais que me ama". Os adolescentes precisam ouvir isso, conforme expressou Daniel, de 17 anos: "Gostaria de ouvir meu pai dizer com palavras que me ama. Só então eu teria a certeza". Portanto, devemos continuar a abraçá-los e beijá-los. E também a gritar alto: "Eu te amo, te cuida", quando ele sai correndo porta afora.

Se eles respondem dando de ombros ou com um olhar vazio, escreva-lhes palavras carinhosas. Não espere palavras carinhosas em retorno, pois os adolescentes podem ter vergonha de expor seus sentimentos. Samantha, cujos pais são divorciados, diz: "Meu pai costuma escrever e dizer o tempo todo que me ama. Adoro isso! Me alegra saber que ele é capaz de me dizer isso apesar de eu nunca ter retribuído. Não sei por que não digo. Deve ser por vergonha".

Devemos demonstrar nosso amor também com atitudes. Tony trabalha à noite e dorme durante o dia e, por isso, não janta com a família nem participa das conversas diárias. Como se sente excluído e desejoso de saber o que está acontecendo, ele programou tomar o café da manhã dos domingos com a família e pediu a participação dos filhos. O de 13 anos rosnou em voz alta, o de 15 chiou, o de 18 demonstrou má vontade e o de 19 recusou-se terminantemente. Então, Tony obrigou-os a participar. Sem acreditar, sua mulher arrumou a mesa em grande estilo enquanto Tony preparou suas famosas omeletes. Ele disse aos filhos: "Sinto falta de estar com minha família. Vocês são as pessoas mais importantes da minha vida. Quero saber o que está acontecendo com vocês. Quero estar em contato". Apesar da má vontade inicial, eles passaram a ter uma hora de convívio agradável.

Escreva uma carta de reconhecimento ao seu adolescente, leia-a em voz alta ou dê-lhe uma cópia. Seja específica: diga o que vê nele, quais as suas qualidades que admira. Abrace-o quando estiverem a sós. Diga-lhe que sempre estará ao lado dele. Os adolescentes precisam saber disso, agora!

Estabeleça normas inspiradoras

É tão comum o adolescente se sentir enquadrado em tantas regras e ordens tácitas que acaba não tendo oportunidades para pensar por si mesmo. Os pais e pessoas com autoridade costumam usar o poder que têm sobre os adolescentes para obrigá-los a fazer as coisas do jeito que querem. As táticas de poder acabam se voltando contra eles, porque ou o adolescente se revolta e tenta escapar ou, no extremo oposto, consente silenciosamente e não aprende nunca a pensar por si mesmo.

Queremos que nossos adolescentes sejam capazes de pensar por conta própria para prontamente tomarem as decisões acertadas na hora em que não estivermos por perto. Afinal, queremos que sejam capazes de se autodeterminar e que aprendam a pensar por si mesmos. Para isso, devemos estabelecer normas que os inspirem a pensar nas conseqüências, a julgar com bom senso e a tomar decisões importantes.

Eis um exemplo: Quando Nicholas tinha 15 anos, ele saiu às escondidas à meia-noite para ir à casa de um amigo. Sabia que se seus pais acordassem e descobrissem que ele tinha saído, ficariam furiosos. Por isso, escreveu-lhes um bilhete, dizendo-lhes onde estaria, e pregou-o com fita adesiva de maneira tal que quando voltasse saberia imediatamente se eles o tinham visto. Ele voltou antes do amanhecer e ficou aliviado ao ver que o bilhete continuava do mesmo jeito. No entanto, um vizinho o viu pulando a janela e contou para seus pais. No início, eles se sentiram enganados e ficaram furiosos. Quando se acalmaram, conseguiram ver que ele tinha tido o bom senso de deixar um bilhete, de maneira que escolheram abordar o problema racionalmente.

Sem culpar, ameaçar, xingar nem berrar, deixaram que Nicholas explicasse o que tinha feito. Eles se colocaram no lugar dele, ouviram-no, entenderam seu raciocínio e consideraram seu ponto de vista. Fizeram um esforço para colaborar. Nicholas e seus pais estabeleceram uma nova norma para tais situações: se Nick sentisse necessidade de estar com amigos, em vez de escapulir, ele diria abertamente aos pais que "era realmente importante" e eles não interfeririam. Se sentissem que ele estava se aproveitando da norma, eles reservavam-se o direito de renegociá-la.

As regras têm de levar em conta situações inesperadas — o filme ter demorado para acabar ou a necessidade de conversar com algum amigo que estava em dificuldade. Portanto, se seu filho adolescente telefonar avisando que vai chegar tarde, não faça um escândalo, como fez um pai, que castigou a filha sem mesmo ouvir suas razões. Dê espaço para que ele encontre maneiras criativas de lidar com as coisas, estabelecendo normas que o estimulem a refletir sobre a situação e a praticar o bom senso. As normas precisam inspirar o adolescente a pensar.

Alerte-o com carinho para as conseqüências...

Toda escolha traz conseqüências. Isso vale tanto para adultos quanto para adolescentes. A responsabilidade dos pais é dar naturalmente ao filho adolescente todas as informações possíveis sobre determinada escolha, informá-lo calmamente de suas opções, alertá-lo cuidadosamente para as conseqüências, orientá-lo de acordo com o que pensa sem forçar a barra e de boa vontade deixá-lo fazer sua escolha. Os pais que conseguem fazer isso com humor, leveza e sensibilidade podem estar certos de que estão fazendo muito bem sua parte.

Os adolescentes de hoje estão descobrindo muitas coisas novas e isso é assustador porque, como pais, somos financeiramente responsáveis e emocionalmente sofremos juntos as conseqüências. Não importa o que os outros digam, sentimos que se algo vai mal com nosso filho, a culpa é nossa — não o alertamos o suficiente. Vemos nosso filho adolescente correndo riscos e fazendo escolhas e nos perguntamos se ele tem consciência de todas as conseqüências que poderão advir.

Você pode se assegurar de que seu filho pensou em todas as conseqüências informando-o da maneira mais clara e natural possível, com cuidado, para que ele não pense que você acha que ele não pensou em tudo. Quando Cynthia soube que o filho planejava ir ao baile de final de ano do colégio naquela noite, disse-lhe: "Não estarei cumprindo com meu dever de mãe se não alertá-lo". Depois de ter exposto suas preocupações, ela acrescentou: "Estou contente por você estar disposto a me ouvir. Sei que já deve ter pensado em todas as conseqüências, mas gostaria que soubesse que, sendo um adolescente, os organizadores prestarão mais atenção em você do que nos outros adultos e quero que saiba disso".

Ao advertir um filho, reforce o quanto aprecia o fato de estar podendo falar sobre isso com ele. O adolescente é hipersensível à preleção, de maneira que, quando falar com ele sobre as conseqüências de seus atos, ele se mostrará mais disposto a ouvir o que tem a dizer se o tratar de igual para igual: "Obrigado por me ouvir. Isso me assegura de que você já pensou no assunto e me faz sentir melhor". É importante lembrar que esta é uma conversa e não um monólogo. Queremos que ele entenda nosso ponto de vista e não empurrar-lhe goela abaixo. Portanto, devemos manter tom de voz e atitude amáveis. Quando ele responder, não perca a paciência nem desconsidere seu modo de pensar. É comum o adolescente fazer fortes objeções como parte do processo e acabar agindo conforme a sugestão do pai ou da mãe. Quando Joe fala com seu filho sobre assuntos potencialmente difíceis, ele diz a si mesmo: *Não se apresse a tirar conclusões... não se irrite... não aconteceu nada... estamos só conversando.* E diz isso também para o filho.

O tipo de *feedback* construtivo que seu filho pode aproveitar envolve olhar para o problema, perguntando, por exemplo: "O que você faria de modo diferente?". Não o diminua, não seja complacente ou condescendente. "Como posso te ajudar com esse problema?" funciona melhor do que "Você deu um tremendo fora dessa vez".

O lema de uma mãe para si mesma é: *Nada de abanar nem de torcer as mãos, mas dar sugestões e estímulos pode ajudar.*

Encare os problemas de frente

É crueldade os pais dizerem à filha adolescente que ela pode conseguir tudo o que quiser, e ao filho que ele pode evitar as dores de cabeça e decepções da vida. Isso simplesmente não é verdade. Mas é verdade que o adolescente tem muitos recursos internos inexplorados para usar nas situações de crise. Ele traz consigo grandes doses de coragem, e é função dos pais lembrá-lo disso nas horas difíceis em vez de fazer-lhe preleções que alimentam falsas esperanças de realizações fantásticas.

É melhor reconhecer os problemas. Quando as coisas vão mal para nós ou para nossos filhos, devemos admitir: "A vida não está sendo fácil". Ignorar os problemas não faz com que desapareçam — eles precisam ser encarados de frente. A dor não é para sempre nem é insuportável, mas evitá-la, varrendo-a para debaixo do tapete, só piora as coisas.

Os defensores do pensamento positivo proclamam que podemos superar qualquer coisa, mas há situações na vida que são simplesmente trágicas, e para que algo de bom possa ser extraído delas é preciso encarar a crise de frente. Pensar positivamente não basta. As pessoas responsáveis, independentemente da idade, traçam planos de ação. Pelo exemplo próprio, os pais podem ensinar seus filhos adolescentes a se tornarem pessoas de ação.

Peg e Jack não viram nada de mais quando o filho de 13 anos voltou de uma festa de sua turma de sétima série cheirando a álcool. Aos 14 anos, Russ recebeu uma advertência por estar dirigindo ilegalmente e os pais o desculparam. Quando, aos 15 anos, ele ficou tão embriagado que mal podia andar, eles consideraram apenas "uma fase pela qual ele está passando". Aos 16, quando ele foi detido por estar dirigindo embriagado, eles o impediram de dirigir por um mês. Jack disse: "Ele vai sair dessa". E Peg perguntou: "O que podemos fazer?".

Embora possa haver situações em que é melhor os pais se colocarem de lado e deixarem o filho resolver seus próprios problemas, há também aquelas que exigem uma ação direta por parte dos pais. O primeiro passo é admitir, como Jack e Peg acabaram fazendo, a existência do problema. O passo seguinte é decidir que atitude tomar. Peg e Jack decidiram procurar ajuda profissional.

Aos 17 anos, Russ foi internado para tratamento e agora todos eles estão aprendendo a enfrentar os problemas um por um, passo a passo. Os problemas têm de ser encarados de frente, mas não têm de ser resolvidos todos de uma só vez. Henry Ford disse: "Todo problema, por maior que seja, é passível de ser administrado em pequenas doses". Foi assim que ele criou a linha de produção. Podemos resolver qualquer problema administrando-o por partes — um passo de cada vez. Existe um provérbio que diz: *Uma viagem de mil milhas começa com um passo.* Quando surge um problema, devemos encará-lo de frente, traçar um plano e colocá-lo em prática.

Só faça elogios sinceros

Tenho observado duas tendências nos adultos que procuram motivar seus filhos adolescentes: 1) a de criticar, corrigir, punir, castigar e apontar o que o filho está fazendo de errado; e 2) a de exagerar nos elogios com a intenção de motivar o filho a continuar no caminho certo.

Todos nós erramos, mas ninguém gosta de ver seus erros apontados e discutidos em público. Alguns adultos pensam erroneamente que o modo de ajudar o filho a ter êxito é chamar a atenção para suas falhas para que ele as corrija. Eles acham que tendo seus erros apontados, ele evitará continuar cometendo-os. No entanto, o adolescente dispõe-se mais a corrigir seus erros quando lhe é dada a chance de ele mesmo repensar muitas e muitas vezes o problema e explorá-lo com os amigos. É menos provável que ele faça isso se os pais ficarem reclamando, xingando, reprimindo e batendo na mesma tecla.

Um estudo concluiu que os estudantes que obtiveram as notas mais baixas eram aqueles cujos pais continuavam tendo as reações mais negativas. Quando apresentavam boletins com más notas, os pais reclamavam e as notas baixavam ainda mais. Os alunos cujas notas melhoravam eram aqueles cujos pais apreciavam seus esforços, não se mostravam excessivamente preocupados e ofereciam-se para ajudar.

Entretanto, ao evitar fazer críticas, tome cuidado para não

cair no extremo oposto. O adolescente é hipersensível aos falsos elogios. O elogio é usado muitas vezes para manipular e influenciar o adolescente. É um modo desonesto de se relacionar. Quando os pais bajulam seus filhos dizendo: "Você é sempre tão atencioso", "Você é um grande zagueiro", "Você é um filho maravilhoso", "Você é tão inteligente", ou "Posso sempre confiar em você", estão pressionando-os a satisfazer expectativas impossíveis.

Existem adultos que usam uma mistura de elogio e crítica para motivar seus filhos adolescentes. Sean, um garoto de 14 anos, me disse: "Quando meus pais me elogiam, eu me sinto encurralado; sei que eles vão acabar me dizendo que poderia ter sido melhor".

O papel dos pais é ajudar o filho adolescente a desenvolver plenamente seus potenciais, e isso é alcançado pelo elogio verdadeiro de seu comportamento, não de sua personalidade. O elogio eficaz reconhece os esforços, as conquistas e os sentimentos sem fazer juízos de valor do caráter. Dizer ao adolescente: "Você é uma pessoa maravilhosa" não descreve o que se aprecia nele. Seria melhor dizer: "Gostei de você ter ajudado na última hora".

Anna fez elogios importantes ao grupo de adolescentes que estava concluindo um projeto artístico. "O mural está lindo. Ele embeleza a escola. Vocês todos participaram e cada um limpou suas manchas de tinta. Muito obrigada por terem colaborado."

Sempre que se sentir inclinado a criticar seu adolescente, morda a língua e faça uma avaliação pessoal. Pergunte-se: *O que estou querendo com isso? Será que existe um outro jeito de abordar o problema?* Que elogio específico e verdadeiro poderia ser feito nesse momento para ajudar a resolver o problema?

O elogio eficaz traduz-se em estudantes motivados que se sentem capazes e valorizados. Seu filho está hoje precisando de uma dose.

Ensine-o a ser bom para si mesmo

Os adolescentes passam por muitos reveses. Como eles e seus pais os enfrentam é que faz a diferença. Pequenos reveses assim como grandes tragédias acontecem na vida de todo mundo, mas isso não quer dizer que os pais falharam ou que o filho é um fracassado. Devemos riscar a palavra *fracasso* do nosso vocabulário e introduzir em seu lugar as seguintes: *revés, erro, obstáculo, desvio* ou *problema exigindo uma solução*. Dessa maneira, estaremos considerando a nós mesmos e a nossos filhos como solucionadores de problemas e não ficaremos nos sentindo derrotados por muito tempo.

Todos os maratonistas sabem o que é chegar ao limite. É um ponto de total exaustão e desânimo em que somos tentados a abandonar a luta. Todos nós experimentamos alguma vez na vida uma situação na qual chegamos ao nosso limite, mas se persistirmos poderemos seguir em frente e vencer. Os adolescentes podem ser os piores críticos de si mesmos, com conversas negativas e depreciando a própria aparência, o peso, a altura, os músculos e o desempenho. Quando não satisfeitos com suas próprias expectativas, eles acham que os pais é que ficaram decepcionados e chegam às vezes a pensar: *De qualquer maneira eu devo não merecer ser feliz.*

As gêmeas Robyn e Christine fizeram testes para serem líderes de torcida. Robyn não conseguiu. Espalhou-se o boato de que ela perdera por apenas três votos. É claro que ela ficou arrasada. "Ela chorou durante três dias", disse sua mãe, Judy. Seus pais e sua irmã quiseram ajudá-la, mas isso estava fora do controle deles — não havia nada que pudessem fazer para alterar aquele resultado. Era uma situação complicada, pois a família sentia alegria pela vitória de Christine e tristeza pela derrota de Robyn. Todos se esforçaram para não deixar que a situação assumisse proporções desmedidas e prosseguiram com suas vidas.

Um ano depois, quando foram feitos novos testes, em vez de criticar a si mesma pelo desempenho no ano anterior, Robyn encontrou forças dentro de si mesma para enfrentar seus medos. Passava horas praticando, competia diante das outras alunas e acabou vencendo por um ponto. Robyn mostrou que, por mais que a própria pessoa se considere um fracasso, ela tem dentro de si a capacidade para fazer qualquer coisa que for preciso para alcançar o sucesso e a felicidade.

Você pode ensinar seu filho a ser bom para si mesmo, mesmo quando tudo vai mal, já que muitas coisas na vida dependem de circunstâncias que estão fora do seu controle e, portanto, não têm nada a ver com o seu valor. Você pode ajudá-lo a concentrar-se naquilo que ele pode fazer para realizar seu sonho, assim como Robyn.

Quando procuramos ver o aspecto positivo de todas as situações, estamos ensinando nosso filho a enxergar o bem em si mesmo. Quando agimos como se tudo fosse acabar bem, eles também começam a agir da mesma maneira. Portanto, não aumente a gravidade dos problemas concentrando-nos nos aspectos negativos. Transforme a adversidade em vantagem, os obstáculos em degraus.

Dê possibilidades de escolha

O adolescente anseia por independência, por tomar conta de si mesmo e por ter autonomia e liberdade pessoal. O adolescente que é dirigido e controlado mostra-se ressentido e contrariado. Torna-se hostil e desagradável para com seus pais e, por qualquer motivo, indispõe-se com as figuras de autoridade e os professores. Por outro lado, quando tem permissão para autodeterminar-se, hostiliza menos os adultos e as autoridades. Quando lhe é dada a possibilidade de tomar parte das escolhas, ele é menos briguento.

Um dos melhores meios de dar independência aos filhos adolescentes é permitir que tenham voz ativa nas questões que afetam suas vidas cotidianas. Conheço pais que continuam decidindo a hora de seus filhos de 13 e 14 anos irem para a cama, o que devem comer e que roupas devem usar. Depois, ainda ficam surpresos quando os filhos são respondões, teimosos, irritáveis e mal-educados.

Nancy queria saber tudo o que seu filho fazia, inclusive se tinha comprado flores para a mãe da namorada. Ela queria participar de seu círculo de amigos, planejar suas atividades sociais e estar com ele o tempo todo, enquanto o que ele desejava era desprender-se dela. Sempre que os amigos dele o visitavam, ela preparava comida e lhes fazia companhia. Apesar de os amigos gostarem daquilo, ele próprio ficava contrariado, porque seu desejo era ficar a sós com eles, o que ela ignorava.

O adolescente precisa de muito espaço para crescer — de tempo para se exercitar como adulto. Se os pais estão sempre dando suas opiniões, ele acaba sem ter chances de aprender a decidir e, conseqüentemente, duvidando de si mesmo e fazendo escolhas erradas.

Não se envolva demais na vida de seu filho adolescente. Se o fizer, ele se sentirá sufocado e acabará ficando irritado e se afastando o máximo possível. Nesta fase, o adolescente tem necessidade de se separar e se distinguir dos pais. Se você permite que ele faça isso sem se sentir culpado, quando jovem adulto ele voltará a buscar a sua ajuda.

Deixe que ele pratique o exercício da responsabilidade

Durante o período de adolescência dos filhos, os pais têm muitas chances de se perguntar: *Afinal, quem decide aqui?* A resposta é *vocês pais decidem* (ou deveriam decidir) e, por mais que pareça o contrário, os filhos também querem que seja assim. Mesmo que eles desafiem a autoridade dos pais nas questões do dia-a-dia, inconscientemente eles sabem que não estão aptos para assumir todas as responsabilidades dos adultos. Idealmente, o processo de crescimento leva o filho a assumir mais e mais responsabilidades até tornar-se adulto e ter total responsabilidade por sua vida. E esse é um dos grandes desafios que os pais têm de enfrentar. Para decidir quando poderão deixar que o filho atravesse a rua sozinho até deixá-lo viajar com os amigos, os pais terão de usar seus próprios instintos. O filho pode parecer tão capaz que os pais acabam se esquecendo que ele precisa de muitas oportunidades para praticar antes de assumir todas as responsabilidades de um adulto.

O adolescente precisa praticar ser responsável até adquirir confiança em si mesmo. Por meio desse exercício, ele descobre que tem o que precisa para assumir a responsabilidade por sua felicidade. Exercendo o controle sobre sua vida, ele aprende que tem valor próprio e capacidade para dar sua contribuição.

Essa prática é o trampolim para a vida adulta que o adolescente precisa para convencer-se de que é capaz de enfrentar qualquer tarefa ou situação. Lembre-se de que quanto mais ele praticar, mais ele se tornará capaz de tomar decisões. *Que tipo de trabalho de verão quero fazer? Com que grupo de amigos quero andar? Em quais matérias vou me inscrever?*

Seu filho será mais bem-sucedido quando souber que, se precisar — mesmo que seja por um momento —, você estará disponível e disposto a ajudá-lo. Conforme me relatou uma mãe: "Deixo que meu filho tome suas decisões, mas não permito que ele estrague sua vida. Quando vejo que algo é demais para ele, eu me intrometo para apoiá-lo".

Sua filha pode gostar de tomar conta de si mesma na maioria das vezes, mas ela também precisa de sua ajuda quando está cansada, confusa ou sente que não está dando conta de tudo. Os pais sábios sabem que a responsabilidade continua sendo deles e, por isso, não ostentam seu poder ou autoridade. Compreendendo as necessidades de desenvolvimento de um adolescente e consciente do que faz, você estará preparado para abandonar cada vez mais o exercício do controle. Você é o capitão, mas intencionalmente coloca-se de lado e deixa que o seu filho decida o curso da navegação. Então, se sua filha perde o rumo, ela pode se voltar para você, na certeza de que você a resgatará e a ajudará a retomar seu curso.

Nossos filhos adolescentes podem agir como se soubessem mais do que nós, mas o segredo é que sabemos mais, apesar de não ficarmos proclamando.

Confie sempre

A confiaça é a base do amor. Sem ela qualquer relação acaba. Confiar no filho adolescente significa não duvidar de sua bondade intrínseca, independentemente do que ele tenha feito. Se os pais confiam no filho, mesmo quando seu comportamento não for digno, eles estão estimulando-o a melhorar.

Quando bebê, a criança descobre se pode ou não confiar nos pais. Agora, na adolescência, ela quer saber se os pais confiam nela. É um processo contínuo, no qual o filho presta atenção aos sinais mais sutis da confiança que os pais lhe depositam. Os pais demonstram essa confiança permitindo que ele assuma a responsabilidade por seu dever de casa, que vá a certos lugares deixando de controlar cada um de seus movimentos; deixando que a adolescente escolha seus próprios vestidos, amigos, penteado, que fique sozinha em casa e evitando fazer perguntas detalhadas.

"Meu filho Jake tem razão: não confio nele. Ele tem de me provar que é confiável." Por mais paradoxal que pareça, quando se confia no filho, mesmo se mantendo alerta, ele recebe a bênção da confiança que se deposita nele e se torna cada vez mais confiável.

Para existir a confiança é necessária a participação ativa dos pais. Existem pais que se colocam com um pé atrás e adotam uma atitude do tipo "prove-me". Gayle demonstrou sua confiança no filho de 14 anos, Sean, ao deixar que ele assumisse a responsabilidade por suas atividades escolares, mas não ficou sentada passivamente ignorando o que estava se passando. Ela sabia como ele estava indo, e, quando, descobriu pela observação própria e pelo boletim que ele não estava fazendo os exercícios de inglês, ela não o acusou por não estar sendo digno de confiança. Em vez disso, procurou descobrir com ele qual era o problema. Juntos, decidiram que ele faria aulas particulares e ela depositou nele a confiança de que cumpriria os horários, o que ele de fato fez. Mesmo fazendo os exercícios com o rádio ligado no último volume, suas notas melhoraram.

Quando se perde a confiança, como sempre acontece algum dia, é importante não se centrar nos motivos para a ocorrência dessa falta, mas encarar a situação de frente e usar um pouco de bom senso. Os pais de Angie descobriram que ela deu uma festa em casa quando eles estavam fora. Em vez de castigá-la, demonstraram o quanto estavam decepcionados, falaram sobre o que tinha acontecido e deram-lhe a chance de redimir-se, assumindo as conseqüências diretamente relacionadas com o "crime", ou seja, a limpeza da casa no fim de semana seguinte. Em outra ocasião em que eles saíram, confiaram de novo a casa a Angie e, dessa vez, sob permissão, ela convidou apenas uma amiga.

Os pais devem voltar a confiar no filho, mesmo depois de ter traído a confiança deles. Confiar e voltar a confiar recompensa, porque quando os filhos sabem que os pais acreditam que eles vão fazer o que dizem, sentem-se inspirados a fazer o que é certo. Angie disse: "Fiquei tão grata por meus pais terem continuado a acreditar em mim que nunca mais quis trair a confiança deles".

Não esqueça que os adolescentes também são frágeis

Taças de cristal manuseadas de qualquer jeito ou descuidadamente se quebram. Em geral, as lavamos separadamente e as secamos com cuidado. Manuseamos os objetos de cristal com delicadeza e não os jogamos numa pia cheia de louça suja. É assim que devemos tratar o adolescente, como se ele fosse uma taça de cristal muito frágil. Na realidade, ele é ainda mais delicado do que o cristal.

Se você lavar uma taça de cristal ou guardá-la no armário com pressa, pode acontecer de lascar sua borda — talvez uma lasca tão pequena que nem seja visível, mas que pode ser percebida ao passar os dedos. É o que acontece com nossos filhos quando os tratamos grosseiramente, com palavras rudes ou os afastamos. Quando tratamos nossos filhos adolescentes indelicadamente, ocorrem pequenas rachaduras, imperceptíveis, mas que depois de um tempo começam a ficar cada vez maiores, deixando o cristal suscetível de quebrar-se a qualquer momento. Isso pode acontecer com a auto-estima vulnerável do adolescente — uma pequena rachadura causada por descuido pode acabar virando um grande estrago e sua psique irreparavelmente danificada.

Pergunto muitas vezes ao pais que participam de meus grupos: "Quando foi que vocês perderam a confiança em si mesmos?" ou "Vocês conseguem se lembrar de quando sua auto-estima foi abalada?". A maioria responde que foi durante a adolescência. Muitos deles recordam, como se fosse ontem, incidentes que minaram seus sentimentos de valor próprio.

Embora a auto-estima se desenvolva nos primeiros anos da infância, as crianças ficam muito vulneráveis na adolescência, especialmente com respeito ao próprio corpo e suas características físicas. É preciso tomar muito cuidado para não ridicularizar a menina por seu excesso de peso ou a aparência física do menino. O que dizemos pode tanto arrasá-los ou devastá-los como curá-los e animá-los. A crítica constante, em forma de repreensões ou admoestações por parte dos pais, pode influenciar a auto-estima dos filhos para o resto de suas vidas.

No início da adolescência quase todas as crianças se sentem inferiorizadas e precisam que os pais incutam ânimo e valor em suas psiques frágeis. Marilyn soube que sua filha adotiva estava entrando na puberdade quando ocorreu o seguinte: Leilah era extremamente autoconfiante e tinha grande auto-estima. Certo dia, durante uma discussão, a mãe mandou-a para seu quarto se acalmar. Passados mais ou menos dez minutos, Marilyn foi ter uma conversa com ela, esperando que Leilah a agredisse ou que se defendesse. Em vez disso, quando Marilyn entrou no quarto e sentou-se, Leilah começou a chorar: "Foi tudo por culpa minha. Nunca digo a coisa certa — é por isso que na escola todo mundo me odeia".

Quando um adolescente está alterado, nenhuma lógica ou conselho sensato funcionam, nem tampouco qualquer tratamento afetuoso. Quando ele não está fora de si, devemos tratá-lo como se Deus estivesse observando.

Distancie-se para ganhar perspectiva

Entender o adolescente proporciona muitas gratificações, às vezes não tão óbvias, e é possível que você precise se distanciar um pouco para poder ver as coisas como elas são. Com um adolescente em casa, você tem a oportunidade única de perceber os ciclos da vida, de ver em primeira mão a continuidade de sua existência em seus descendentes. Quando você se afasta, pode ver um reflexo de si mesmo em seu filho e compreender que você e ele são indivíduos à parte, ainda que estejam espiritualmente ligados por um destino divino.

Você ganha perspectiva quando se distancia e reconhece que cada problema traz consigo uma lição e uma bênção. Com perspectiva, você pode entender que, apesar de ser protetor de seus filhos, eles também o guiam e o ensinam. Às vezes, a presença dos seus adolescentes ajuda a curar as feridas enterradas e esquecidas da sua própria adolescência. Outras vezes, você perceberá o quanto a tarefa de educar filhos expandiu sua capacidade de amar.

Alice estava observando sua animada filha de 16 anos vestir um blusão vermelho para ir à escola e sentiu uma pontada de inveja ao recordar seus próprios tempos difíceis de adolescência. Ela era esquelética e os colegas a chamavam de "parquímetro". Tinha problemas de pele e os colegas diziam que seu rosto era "um monte de bagas". Seus pais e irmãos apontavam para ela e a criticavam. Quando adolescente, Alice decidiu que sua estratégia para sobreviver seria desaparecer no meio dos outros para não ser vista. Por mais de vinte anos, essa estratégia havia funcionado bem, segundo ela, até aquele dia em que viu sua filha colocando o blusão vermelho e irrompeu em lágrimas. Ela percebeu que nunca tinha usado vermelho para não se destacar, mas que agora não queria mais se esconder.

Mary disse que olhando a distância pôde ver como seu filho Chuck lida com a vida dele, o quanto ele sabe repensar os fatos, quão sólidas acabam sendo suas decisões. Ela está aprendendo a dar crédito à experiência de vida dele e sente que não precisa mais ficar no comando de tudo.

Com um pouco de distanciamento, você pode observar seu adolescente forjando um modo de vida, mas que contém a sua essência. Jean, mãe de dois filhos adultos, diz: "Quando eles eram pequenos, eu estava envolvida em tudo o que eles aprendiam; eu abria o mundo para eles. Agora, eles trazem o mundo para mim".

Quando você recua e olha de outra perspectiva é capaz de relembrar que esses adolescentes, às vezes tão impossíveis, são seres divinos de luz. E que mais do que pais de adolescentes, nós somos cuidadores dos adolescentes de Deus.

Corajosamente, deixe-o ir embora

Quando seus filhos chegam à adolescência, você já se tornou um especialista em abrir mão. E por ter essa experiência, tende a acreditar que está devidamente preparado para deixá-los ir embora. Você deve ter ouvido outros pais falarem sobre o período traumático da adolescência e, apesar de suspeitar que possa ser difícil soltar as rédeas, sente-se preparado para o desafio. Você sabe que é uma pessoa sensata e racional. Até agora, você se saiu melhor do que a média na função de pai ou mãe, e, por isso, sente-se capaz de lidar com a dor que envolve abrir mão dos filhos.

Você tem orgulho por ter criado um filho independente, que sabe pensar por conta própria. Entusiasmou-se com os planos da sua filha, que pretende sair de casa. Talvez ela vá estudar na universidade, arranjar um emprego, alugar um apartamento, casar-se ou assumir um cargo de chefia. Talvez o seu filho vá para o serviço militar ou jogar em algum time de futebol, viajar pela Europa ou Ásia, virar doutor, escritor ou engenheiro.

Qualquer que seja o sonho, vocês o compartilham, e você sempre soube que um dia ele sairia de casa para seguir seu próprio rumo. Você sabe que um dia terá de abrir mão, embora não saiba em que medida, nem quando, por isso fica enredado nesse dilema.

Essa guerra pela independência começa quando os filhos

têm 13 anos e, dependendo do quanto você detém as rédeas, ela sobe em escalada até que você se renda, desista e deixe que ele se vá. Esse é o tema central, o motivo principal dos anos da adolescência: o filho luta por independência de mil e uma maneiras e os pais lutam igualmente para mantê-lo próximo, seguro e protegido — afinal, ele sempre será o filhinho querido do papai e da mamãe. No final, ele vence. E apesar de muitos pais acharem que isso representa uma perda, amigos meus com filhos na cada dos trinta anos garantem que há vantagens quando o casal volta a ficar sozinho e que vocês não se sentirão abandonados para sempre.

Deixá-los ir exige coragem, de ambas as partes. Os pais sofrem ataques de tristeza cada vez mais freqüentes ao constatar a rapidez com que os filhos crescem.

"A função dos pais não acaba nunca, apenas muda de sentido e de intensidade, mas nunca deixa de existir", diz Richard. Ele deve saber; afinal, criou quatro filhos sozinho. Agora que eles já estão crescidos, ele está gostando de inverter os papéis. Recentemente, quando seu filho de 26 anos levou-o para escalar o monte Rainer, Richard foi o aluno e seu filho o mestre.

Com 17 anos, Stephanie vivia lembrando sua mãe: "Mamãe, em breve não vou mais estar aqui e você não vai mais estar por perto para me influenciar".

"Sou realmente obrigada a ouvir isso?"

"Sim, acho que sim."

Não se preocupem — eles vão sentir saudades de casa e telefonarão a cobrar.

Judy Ford e sua filha, Amanda

Judy Ford é terapeuta, mestre em Serviço Social (MSW), conferencista e consultora em relações humanas há mais de vinte anos. Seus cursos para pais *Educando com amor e alegria* oferecem instrumentos práticos para a educação dos filhos, tendo como foco central a alegria da paternidade. Além desses cursos, Judy dá muitas palestras sobre o poder do amor e do riso tanto na vida profissional quanto pessoal. Para obter informações sobre seus seminários, escreva para:

P.O. Box 834
Kirkland, WA 980833.

------ dobre aqui ------

ISR 40-2146/83
UP AC CENTRAL
DR/São Paulo

CARTA RESPOSTA
NÃO É NECESSÁRIO SELAR

O selo será pago por

summus *editorial*

05999-999 São Paulo-SP

------ dobre aqui ------

CADASTRO PARA MALA-DIRETA

Recorte ou reproduza esta ficha de cadastro, envie completamente preenchida por correio ou fax, e receba informações atualizadas sobre nossos livros.

Nome: _____ Empresa: _____

Endereço: ☐ Res. ☐ Coml. _____ Bairro: _____

CEP: _____ - _____ Cidade: _____ Estado: _____ Tel.: ( ) _____

Fax: ( ) _____ E-mail: _____

Profissão: _____ Professor? ☐ Sim ☐ Não Disciplina: _____ Data: de nascimento: _____

1. Você compra livros:
☐ Livrarias ☐ Feiras
☐ Telefone ☐ Correios
☐ Internet ☐ Outros. Especificar: _____

2. Onde você comprou este livro? _____

3. Você busca informações para adquirir livros:
☐ Jornais ☐ Amigos
☐ Revistas ☐ Internet
☐ Professores ☐ Outros. Especificar: _____

4. Áreas de interesse:
☐ Psicologia ☐ Comportamento
☐ Crescimento Interior ☐ Saúde
☐ Astrologia ☐ Vivências, Depoimentos

5. Nestas áreas, alguma sugestão para novos títulos? _____

6. Gostaria de receber o catálogo da editora? ☐ Sim ☐ Não

7. Gostaria de receber o Ágora Notícias? ☐ Sim ☐ Não

Indique um amigo que gostaria de receber a nossa mala-direta

Nome: _____ Empresa: _____

Endereço: ☐ Res. ☐ Coml. _____ Bairro: _____

CEP: _____ - _____ Cidade: _____ Estado: _____ Tel.: ( ) _____

Fax: ( ) _____ E-mail: _____

Profissão: _____ Professor? ☐ Sim ☐ Não Disciplina: _____ Data de nascimento: _____

Editora Ágora
Rua Itapicuru, 613 Conj. 82 05006-000 São Paulo - SP Brasil Tel (011) 3871 4569 Fax (011) 3872 1691
Internet: http://www.editoraagora.com.br e-mail: agora@editoraagora.com.br